Wolfgang de Boor

Das Böse

Staat Gesellschaft Familien
Im Widerstand gegen das Böse

Mauer Verlag
Wilfried Kriese
72108 Rottenburg a/N
Buchgestaltung: Wilfried Kriese
2009
ISBN 978-3-86812-190-2

www.mauerverlag.de

Wolfgang de Boor

unter Mitarbeit von

Angela Brinck
Plamena Lorenz
Dr. phil. Christiane Rath
Professor Dr. I.A. Rode

Das Böse

Dr. med. Wolfgang de Boor
Professor für forensische Psychiatrie
Universität zu Köln
1950 - 1982

Widmung

Zur Erinnerung an Professor Dr. jur.
Ulrich Klug
* 7.11.1913 + 7.5.1993

In den Jahren 1963 - 1967 hörte ich bei Prof. Klug Vorlesungen über Strafrecht, Strafprozessrecht und Rechtsphilosophie. Seine Gedanken haben meine Tätigkeit als forensischer Gutachter entscheidend geprägt.

1963 geriet ich in eine berufliche Krise, die zum Ausscheiden aus dem Klinikum der Universität Köln geführt hätte. Aber Professor Klug, damals Dekan der juristischen Fakultät setzte sich unverzüglich für mich ein und erreichte gegen den Widerstand orthodoxer Professoren, dass ich am 1. Februar 1964 eine beamtete Dozentur für forensische Psychiatrie erhielt.

Für die uneigennützige Hilfe in schwerer Bedrängnis bin ich Professor Klug seit Jahrzehnten in Dankbarkeit verbunden. Die Studie über das ‚Böse' widme ich dem bedeutenden Juristen, der in einer Zeit böswilliger Intrigen für mich das Prinzip des, ‚Guten' verkörperte und so wird es auch in Zukunft bleiben.

Wolfgang de Boor

Inhalt

Vorwort

Der Strom meiner Gedanken zur Genese des Bösen wurde aus 6 Quellen gespeist.

I. Das autobiographische Material

II. Die Begegnung mit dem Bösen als Gutachter in Strafverfahren (1946-2004)

III. Exzesse des Bösen im 20. und 21. Jahrhundert/
Der Holocaust
Der Bürgerkrieg im Kongo
Die ethnischen Säuberungen in Darfur
New York – Washington am 11. September 2001
Die Kriege in Afghanistan und im Irak

IV. Die tägliche Konfrontation mit dem Bösen in den Medien

V. Das Böse in der theologischen Dogmatik

VI. Die Ergebnisse der Umfrage: Woher kommt das Böse? (2007/2008)

Die Erfahrungen mit dem real existierenden Bösen veranlassten mich, das Böse in der Welt nicht nur zur Kenntnis zu nehmen, sondern über die Genese des Bösen nachzudenken. Ziel meiner Überlegung war es, eine Theorie zu entwickeln, die zumindest ein Quasi-Verständnis für böses Tun ermöglicht. Dieser Plan stieß auf fast unüberwindbare methodische Schwierigkeiten. Sind schon die Vorgänge in der eigenen Psyche *qua* Introspektion nur annäherungsweise zu erkennen und zu beschreiben, so stößt die Analyse fremden Seelenlebens methodisch auf kaum lösbare Schwierigkeiten. Die Resignation gilt für die Genese von bösen wie guten Gedanken und Taten.

Als Hilfsmittel für die Analyse seelischer Prozesse bei der Genese von Bösem (wie Gutem) sind Analogien, vor allem aber Theorien unentbehrlich. Theorien[1] lassen das Unsichtbare zumindest in Bildern erahnen.

Die Analogiemethode, die Annahme gleichartiger seelischer Prozesse bei der Entwicklung böser Gedanken und ihrer Realisierung, ist zur Klärung der Frage „Woher kommt das Böse?“ nicht geeignet. Böse Intentionen – „Ich könnte den oder die umbringen!“ – sind zwar allen Menschen aus Unterhaltungen, Kriminalromanen oder den Medien bekannt. Die Verwirklichung solcher Gedanken scheitert jedoch an den Hemmungsmechanismen, die nicht unmittelbar beobachtet werden können. Aber sie funktionieren und mithilfe von Theorien können sie verstanden werden.

Für das Verständnis der psychischen (zerebralen) Prozesse, die der Realisierung von Bösem dienen, waren für mich zwei Theorien maßgebend, die weder in der theologischen Literatur noch im kriminologischen Schrifttum erwähnt werden.

I. Die Theorie von der triadischen Struktur des Gehirns und ihres Einflusses auf das Verhalten.

Der kanadische Neurologe Paul MacLean[2] gliedert das Gehirn in drei Bereiche:

1. Das Stammhirn (Urhirn, ‚Reptilgehirn’).
2. Das Mesencephalon (= limbisches System).
3. Die Großhirnrinde (Cortex).

Jedes Hirnareal hat für das Verhalten des Menschen eine klar definierte Aufgabe.

Für die Theorie der Genese des Bösen gilt die folgende Annah-

---

[1] Theorien = Schauen.

[2] MacLean, P.: A triune concept of the brain and behaviour. Toronto. 1973.

me: In der Großhirnrinde, dem Zentrum für Denken und rationale Hemmungen, entsteht der Gedanke, etwas Böses zu tun. Im limbischen System erfolgt eine emotionale Zensur zur Entscheidung der Frage, ob die geplante böse Tat mit dem Mitgefühl für die Artgenossen vereinbar ist (Empathiefunktion des Mesencephalon). Das Stammhirn liefert die für die motorische Durchführung der Tat erforderliche Energie.[3]

Wenn diese Theorie richtig ist, dann entstehen böse Gedanken nicht im Herzen[4] des Menschen, sondern im Gehirn.

II. Die führende Rolle der Hirnrinde wird durch eine zweite Theorie – die Theorie vom Engrammspeicher – gestützt, die Engrammspeichertheorie von Richard Semon.[5] Der Jenenser Zoologe Richard Semon vertrat die These, dass alle Reize, die den Körper nach der Geburt erreichen, im Gehirn gespeichert werden. Nicht nur physikalische *Stimuli* (Licht, Wärme, Geräusche, Gerüche usw.), sondern auch alle psychischen *Stimuli* (liebevolle Zuwendung, Beachtung, Anerkennung) werden gespeichert. Im System der Neuronen sind beim Erwachsenen Millionen Engramme thesauriert. Die Inhalte des Speichers sind nicht bewusstseinsfähig. Zum Zeitpunkt X dringt ein negativ geladener *Stimulus* in das Bewusstsein ein und konkretisiert sich in dem Gedanken, etwas Böses zu tun. Der böse Gedanke wird im limbischen System geprüft, toleriert oder eliminiert. Wird der aggressive Gedanke auch vom

[3] Weitere Einzelheiten zur Theorie des Bösen in den Kapiteln VI. und VII.

[4] Das Herz als Entstehungsort für böse Gedanken wurde früher von vielen Theologen angenommen.

[5] Semon, R.: Die Mneme. 1904. Der Begriff ‚Speicher' ist bildhaft gemeint. Im Engrammspeicher des Neuronensystems werden alle Reize aufgenommen und gespeichert.

> kognitiven System (kritisches Denken) toleriert, dann ist der Weg zur Realisierung des bösen Impulses frei. Die für jedes Handeln notwendige Energie stammt aus dem *Archencephalon,* dem Urhirn (= Stammhirn).

Bei einer Umfrage,"Woher kommt das Böse?" ergaben sich zwei thematische Schwerpunkte:

I. Das Böse kommt aus der Natur des Menschen.
II. Das Böse ist ein Produkt gesellschaftlicher Kräfte.

Die Antworten zu I. entsprechen der Theorie von Paul MacLean: Im Gehirn (Cortex) liegt die primäre Ursache des Bösen.

Die Antworten zu II. orientieren sich an der Vermutung, dass sowohl die Bildung der limbischen Hemmungsmechanismen (Mitleid, Mitgefühl, Empathie) als auch der Inhalt des Engrammspeichers im Cortex von Einflüssen aus der Gesellschaft, dem mikro- wie makrosozialen Milieu, abhängig sind. Wenn diese Theorie richtig sein sollte, entscheidet über die Genese von ‚Gut' oder ‚Böse' also doch das Milieu, in dem der Mensch aufgewachsen ist und in dem er lebt. Ist im Engrammspeicher überwiegend sozial-ethisch positives Material thesauriert, dann gelangen – mangels Masse – destruktive *Stimuli* nur selten in das Bewusstsein. Im Engrammspeicher extrem guter Menschen fehlen weitgehend die negativen *Stimuli.* Daher gelangen bei den ‚Guten' nur sehr selten, eventuell sogar nie böse Gedanken in das Bewusstsein.

Ist der Engrammspeicher *qua* negativer Erfahrungen mit Menschen und Institutionen prall mit aggressiven *Stimuli* gefüllt, ist die Wahrscheinlichkeit, dass negative Inhalte in das Bewusstsein gelangen, sehr groß.

Theorien sind Hilfen, um das letztlich Unerklärbare und Unsichtbare zu verstehen. Sie spiegeln die unsichtbaren zerebralen Vorgänge in Bildern, die eine Ahnung von der Realität seelischer Prozesse vermitteln können, aber die realen Vorgänge in der Psyche verfehlen oder nur schemenhaft darstellen. Theoretisch gewonnene Einsichten in die Realität der seelischen Vorgänge bei der Genese des Bösen, können richtig, partiell richtig, aber durchaus falsch sein.

Sollten beide Theorien aber richtig sein oder wenigstens Teilwahrheiten enthalten, dann ergibt sich, dass sich in der Natur des Menschen, in seiner Physis die somatische Realität mit den gesellschaftlichen Bedingungen zu einem Synergismus verbindet, der als *causa* für konkret böses Handeln angesehen werden kann.

Eine weitere Konsequenz der Kombinationstheorie ist, dass extraterrestrische Entitäten (Teufel, Dämonen, böse Geister) als *causa* für das Böse auszuschließen sind. Die Interpretation des Bösen als Auflehnung gegen Gott und seine Gebote (= Sünde) wird durch die an den empirischen Wissenschaften Anatomie, Neurologie und Soziologie orientierte Deutung des Bösen allerdings nicht eliminiert. Es ist jedem Menschen überlassen, wie er die Frage „Woher kommt das Böse?“ beantwortet.

Einleitung

1950 habe ich als Privatdozent für Psychiatrie in Köln meine Tätigkeit als Gutachter in Strafverfahren begonnen. Mit der Begutachtung einer rückfälligen Warenhausdiebin habe ich 2004 meine forensische Tätigkeit beendet.

Die intensive Beschäftigung mit der Psyche von Kriminellen bot mir die Chance, Einblicke in das Phänomen des ‚Bösen' zu gewinnen, die im gewohnten Umgang mit gesetzestreuen Menschen nicht möglich sind. Straftaten sind immer Symptom individueller Boshaftigkeit.[6] Im *crimen* realisiert sich das Bedürfnis des Täters, seinen Mitmenschen Schaden zuzufügen, seien sie materieller, somatischer oder psychischer Art. Die in fast 6 Jahrzehnten gewonnenen Erfahrungen werden in der Studie ‚Das Böse' zusammengefasst ‚Gut' und ‚Böse' sind abstrakte Ordnungsbegriffe, die sich in reiner Form in der empirischen Welt nicht finden lassen. Die Nähe zum ‚Bösen' ist jedoch bei kriminellen Menschen deutlicher erkennbar als bei gesetzestreuen Personen. Die Aktivitäten im Alltag gehören überwiegend in den Bereich der *Adiaphora,* dem Territorium des ethisch Neutralen. Forensische Erfahrungen ermöglichen die Stellungnahme zum Phänomen des ‚Bösen', die sich von der Auffassung der Philosophen und Theologen unterscheidet. Eine absolut gültige Erklärung für die Genese des ‚Bösen' kann ein forensisch tätiger Psychiater nicht geben. Er kann jedoch einen empirisch fundierten Beitrag zur Genese und Phänomenologie des ‚Bösen' leisten, einer Tatsache, die unsere Welt stärker als alle anderen Phänomene, von der Ökonomie abgesehen, prägt.

Die Millionen Straftaten, die Jahr für Jahr registriert werden beweisen, dass das Böse in unserer Welt eine Dominante ist, die das Geschehen erkennbar prägt. Zweifelsfrei gibt es auch das Prinzip

---

[6] Ausnahmen: Eine Mutter stiehlt Brot für ihr hungerndes Kind; Meineid, um einen nahen Freund zu schützen; Tyrannenmordversuch: 20.07.1944.

des ‚Guten'. Die Konturen des Guten sind aber im Bewusstsein der Menschen eher schemenhaft präsent.

Religiöse Wertvorstellungen determinieren das Verhalten der Menschen nur sporadisch. Für die alles beherrschenden Medien sind Verbrechen ein bevorzugtes Thema. Die Beliebtheit von Kriminalfilmen lässt vermuten, dass das ‚Böse' attraktiver ist als das filmisch schwer darstellbare Gute. Der weltweite Terrorismus hat in den letzten Jahren das Interesse an der Entstehung des Bösen gesteigert. Der Terror, Symptom des exzessiv Bösen, hat in vielen Ländern zugenommen. Das Böse ist uns in Europa so nahe gerückt, dass das Bedürfnis nach Ursachenforschung gewachsen ist. Die hier vorgelegte Studie soll einen Beitrag zur Erforschung der Ursachen des Bösen leisten.

Die Ursachenforschung darf sich nicht – wie im Mittelalter üblich – mit der Konzeption des oder eines Teufels als *causa prima* des Bösen begnügen. Der Begriff ‚Teufel' gehört zur Kategorie der Konjekturata, der bloßen Vermutungen. Es ist jedoch nicht ausschließbar, dass es so ‚Etwas' wie den Teufel gibt.

Die anthropologisch, nicht theologisch orientierte Erforschung der Ursachen des Bösen hat ergeben, dass der oder die Teufel für die Entstehung des Bösen nicht kausal sind. Aus dialektischen Gründen wurde die Denkfigur des Teufels als Widersacher Gottes erfunden. Der Teufel soll sich, wenn er nicht gerade auf der Erde als Verführer unterwegs ist, in der Hölle aufhalten, einem hypothetischen Ort, der ebenfalls in die Kategorie ‚Konjekturata'[7] gehört.

Naturwissenschaftlich geprägten Menschen leuchtet die von dem kanadischen Neurologen MacLean[8] konzipierte Theorie vom Rep-

---

[7] Zum Begriff der Konjekturata: de Boor, W.: Reflexionen. 2007, S. 1.

[8] Paul D. MacLean: A Triune Concept of the Brain and Behaviour. Toronto. 1973.

tilgehirn' eher ein, als die Annahme eines Wesens, das ursprünglich ein Engel gewesen sein soll, später aber von Gott abgefallen ist. Nach MacLean ist die Triebkraft zum Bösen im ältesten Teil des Gehirns, dem *Archencephalon* lokalisiert. Es ist das Reptilgehirn, das wir gemeinsam mit unseren Vorfahren, den Raubtieren, haben. Aus dem Reptilgehirn stammt die Aggressivität, die sich als ‚Böses' in der empirischen Welt manifestiert.

Im Verlauf der individuellen Sozialisation gelingt es jedoch vielen, ihre Aggressivität durch kortikale Einflüsse zu zügeln (Hemmungen *qua* Vernunft).

Fehlen in der sensiblen Prägephase die zur Bildung von Hemmungsmechanismen notwendigen Voraussetzungen,[9] so kann sich die Fähigkeit bösen Antrieben zu widerstehen nur ungenügend entwickeln. Korrekturen sind nach Abschluss der sensiblen Prägungsphase[10] zwar denkbar. Sie sind aber nur mit großem personalem Aufwand, hohen Kosten und hochqualifizierten Pädagogen zu erreichen; Eigenschaften, die nur wenige besitzen.

Empathie, das Mitfühlen der Gefühle anderer Menschen und Urvertrauen bilden das Fundament für ein störungsfreies oder störungsarmes soziales Funktionieren. *Maternal care* leistet die unverzichtbaren Voraussetzungen für ein konfliktfreies oder konfliktarmes Leben ohne hohe Kosten oder besonderem Personalaufwand. Die Delegierung der *maternal care*-Funktion auf familienfremde Personen oder Institutionen, z.B. in Krippenplätze und das so früh wie möglich, ist ein Irrweg, der Staat und Gesellschaft teuer zu stehen kommen wird.

Eine zunehmende emotionale Verwahrlosung zeigt sich schon jetzt

---

[9] Zusammenfassend als *‚maternal care'* bezeichnet.

[10] Geburt bis etwa 2./3. Lebensjahr.

in der Zunahme von Gewalt an den Schulen, am Hooliganismus auf den Fußballplätzen und in der Brutalisierung des Verhaltens vieler Kinder und Jugendlicher im Umgang miteinander (Körperverletzungen, Raub).

Für die Erklärung der Kinder- und Jugendkriminalität ist ferner die Engrammspeicher-Theorie des Jenenser Professors Richard Semon[11] eine wichtige Ergänzung: Der Organismus speichert sofort nach der Geburt alle Reize aus seiner unmittelbaren Umgebung. Füllt sich der Engrammspeicher mit zu vielen negativen *Stimuli,* dann stehen in den Augenblicken *ante actum* nicht genügend positive *Stimuli* zur Verfügung, um in der Versuchungssituation[12]7 den aggressiven Antrieben (Körperverletzung, Beleidigungen, Beschädigung von Eigentum u.a.m.) zu widerstehen.

Die Studie wurde mit Akademikern verschiedener Disziplinen erarbeitet. Die Aggressionsforschung soll generationen- und fachübergreifend gefördert werden. Aggressionsforschung ist eine vom Zeitgeist unabhängige Aufgabe aller Gesellschaftswissenschaften. Es geht darum, der Politik realitätsorientierte Wege zu weisen, um gesellschaftliche Fehlentwicklungen nach Möglichkeit zu verhüten.

---

[11] Semon, R.: Die Mneme. I. Aufl. 1904.

[12] de Boor, W.: Versuchungen. 2003.

I. Kapitel

Definitionen des ‚Bösen'

Im historischen Wörterbuch der Philosophie[13] ist nicht das Böse Gegenstand der Begriffserklärung, sondern die ‚Bosheit'.

Der Philosoph Nicolai Hartmann[14] sieht in der Bosheit eine ‚Idee des Satans'. Der Satan sei ein Wesen, das Wertwidriges um seiner selbst Willen ausführt.

Schopenhauer[15] sieht den Kern der Bosheit darin, dass sie im Gegensatz zum Egoismus „ganz uneigennützig den Schaden und Schmerz Anderer ohne allen eigenen Vorteil sucht"[16].

Das Böse aus empirischer Sicht zu definieren, ist nicht einfach. Der Gegenbegriff zum ‚Guten' ist zwar richtig, trifft aber nicht den Kern des Phänomens ‚Böse'. Kern des Bösen ist die bewusste (vorsätzliche) Schädigung eines oder mehrerer Mitmenschen. Die Schädigung kann sich auf den Körper, die Psyche oder das Eigentum des Geschädigten beziehen. Die Begriffsbildung ‚Böse' ist also am konkreten Verhalten der Menschen orientiert. Über den Ursprung der Absicht, böse zu handeln, sagt der Begriff selbst nichts aus.

Hartmanns Deutung der Bosheit als Causa für das Böse auf der Erde liegt in einer ‚Idee des Satans'. Diese Erklärung kann nicht

[13] Basel. 1971.

[14] Hartmann, N.: Ethik. 39. Kap.

[15] Schopenhauer, A.: Preisschrift über die Grundlage der Moral. § 14.

[16] Reiner, H.: Das Prinzip Gut und Böse. Freiburg. 1949.

befriedigen. Der Satan ist ein Konjekturatum, eine bloße Vermutung. Ob es ihn gibt oder nicht ist eine Frage, die niemand mit Sicherheit beantworten kann. Etwas Unbekanntes kann nicht als Kriterium für die Definition eines Begriffes benutzt werden.

Das Böse ist ein uns nicht nur aus der Bibel (A.T. Genesis, 3,5) vertrauter Begriff. Mit den Philosophen haben sich daher besonders die Theologen um die Definition des Begriffes und um die Frage des Ursprungs des Bösen bemüht. Böse handelt, wer die im Dekalog zusammengefassten ethischen Normen willentlich verletzt. Dieses Handeln wird auch als Sünde bezeichnet.

Das Wesen der Sünde wird im Katechismus der Katholischen Kirche[17] im Anschluss an eine Definition von Augustinus mit folgenden Worten beschrieben: „Sünde ist ein Wort, eine Tat oder ein Begehren im Widerspruch zum ewigen Gesetz."

Die Sünde wird auch als Beleidigung Gottes interpretiert.

Im Galaterbrief[18] werden als Modi der Sünde genannt:
„Die Werke des Fleisches sind deutlich erkennbar: Unzucht, Unsittlichkeit, ausschweifendes Leben, Götzendienst, Zaubern, Feindschaften, Streit, Eifersucht, Jähzorn, Eigennutz, Spaltungen, Parteiungen, Neid und Missgunst, Trink- und Essgelage und Ähnliches mehr."

Die Beurteilung einer Tat als ‚gut' oder ‚böse' ist in hohem Maß von der ethisch-kulturellen Prägung des Beurteilers abhängig. Eine für alle verbindliche Weltethik gibt es nicht. Die Selbstmordattentate im Irak und in Afghanistan werden von Teilen der Bevölkerung sogar bejubelt, obwohl oft die eigenen Angehörigen, auch unschul-

[17] Katechismus der Katholischen Kirche. 1993, S. 486.

[18] Galaterbrief. 5, 19-21.

dige Kinder Opfer dieser Gewalttaten sind. Wie mir die Islamin Linda Jabr sagte, verbietet der Koran Mord und Selbstmord.

Abschließend sei nochmals auf meine Definition des Bösen hingewiesen. Als ‚böse' ist die bewusste (vorsätzliche) Schädigung eines oder mehrerer Menschen in physischer, psychischer oder materieller Hinsicht zu bezeichnen. Die eine böse Tat vorbereitenden und sie begleitenden seelischen Phänomene können nicht exakt beschrieben werden. Retrospektiv sind nur summarische Bezeichnungen möglich, wie Rachsucht, Eifersucht, Habsucht, Sadismus, Dominanzstreben u.a.m.
Die jugendlichen Täter in der JVA Siegburg, die einen Mitgefangenen gequält und schließlich erhängt haben, gaben bei ihrer Vernehmung an, wir wollten sehen, wie ein Mensch stirbt[19]. Dieses Motiv trifft man in der kriminologischen Literatur nur sehr selten.

Mit der Realität des Bösen eng verknüpft ist das *Theodizee*-Problem, die Rechtfertigung Gottes angesichts der Untaten, die die Menschen seit Urbeginn (Kain tötete seinen Bruder Abel) vollbracht haben. Kant[20] sah keine Möglichkeit, das *Theodizee*-Problem philosophisch zu lösen.

Ein theologisches Problem kann, wenn überhaupt, nur mit theologischen Denkmethoden gelöst werden. In den ‚Reflexionen'[21] habe ich mich um einen rational nachvollziehbaren Zugang zu der rätselhaften Tatsache des Unheils auf der von Gott selbst als ‚gut' bezeichneten Welt (Genesis 1,1 ff.) bemüht. Ein hinreichendes Verständnis für die *Non-ingerenz* Gottes in das gute wie böse Treiben seiner Geschöpfe kann nur die Annahme eines absolut transzendenten Gottes ermöglichen. Gott ist – für mich – nicht der imma-

---

19 11./12. November 2006.

20 Kant, I.: Über das Misslingen aller philosophischen Versuche in der *Theodicee*. AA Band VIII.

21 de Boor, W.: Reflexionen. Köln. 2007, S. 64, 65.

nente Gott Israels, der überall ‚dabei' ist und Noah vor der Sintflut sogar die genauen Maße für den Bau der Arche mitteilte. Die Immanenztheologie kann das Rätsel der *Theodizee* nicht lösen. Nur die Transzendenztheorie, die nahezu absolute Abstinenz Gottes[22] hinsichtlich des Geschehens auf der Erde lässt den Schluss zu, dass Gott, der Schöpfer von Himmel und Erde für Bosheit und Sündenneigung seiner Geschöpfe nicht kausal, also auch nicht ‚verantwortlich' ist. Zu den Gaben, die Gott uns Menschen aus seinem unendlich großen Ideenspeicher zukommen ließ, gehört auch die Willensfreiheit, d.h. die Fähigkeit, sich in einer ethisch prekären Situation *ante actum* für oder gegen das ‚Böse' entscheiden zu können.

Definition des ‚Guten'

‚Gut' und ‚Böse' sind kontradiktorische Begriffe. Eine Tat ist entweder gut oder böse. Diese Aussage gilt jedoch nicht absolut. Der Versuch des Grafen Stauffenberg, Hitler zu töten (20. Juli 1944) ist dogmatisch gesehen Sünde, ein Verstoß gegen das 5. Gebot, also ‚böse'. Einige Mitglieder der Verschwörung, u.a. der Graf Moltke, haben sich aus religiösen Gründen gegen die Tötung des Tyrannen ausgesprochen. Andererseits darf der Tötungsversuch staatspolitisch als ‚gut', als ethisch gerechtfertigt beurteilt werden. Wäre die Tat gelungen und Hitler tot, dann hätte Graf Stauffenberg Deutschland und Europa von dem schlimmsten Tyrannen befreit, den es in unserer Geschichte gegeben hat.

Das ‚Gute' ist schwieriger zu definieren als das ‚Böse': Kernsubstanz des Begriffes ‚Böse' ist die bewusste und gewollte Schädigung eines oder mehrerer Mitmenschen in physischer, psychischer oder materieller Hinsicht. Seinem Nächsten nicht zu schaden, sondern

[22] Nur die Entsendung und Divinisierung Jesu Christi zwingt zur Relativierung des Absolutheitskriteriums. de Boor, W.: l.c. S. 59 ff.

ihm, besonders wenn er in Not ist, zu helfen, kann als Kernsubstanz des Guten angesehen werden.

Im Lukas Evangelium steht das wohl überzeugendste Beispiel für gutes Handeln: Ein Samariter fand einen Mann, der auf dem Weg nach Jericho von Räubern überfallen, verwundet und ausgeraubt wurde. Ein Priester und ein Levit gingen achtlos an dem hilflosen Opfer einer Gewalttat vorbei. Nur der Samariter erbarmte sich des Leidenden, versorgte seine Wunden und brachte ihn in die nächste Herberge. Da der Verletzte ausgeraubt war, gab er dem Wirt Geld und bat ihn, den Mann ein paar Tage zu beherbergen (Luk. 10, 31-31). In dieser Erzählung stehen gutes und böses Handeln in eindringlichen Bildern vor unserem geistigen Auge. Das Unterlassen des Guten, das mitleidlose Vorbeigehen am Opfer des Überfalles ist nicht ethisch neutral, sondern gehört zur Kategorie des Bösen, ist aber eher ein Randphänomen. Denn die beiden Geistlichen haben dem Überfallenen nur mittelbar geschadet, weil sie sein Leiden verlängert haben, indem sie seine Wunden nicht verbanden (Unterlassene Hilfeleistung, strafbar gem. § 323c StGB).

Im Alten Testament wird der Begriff ‚gut' in der Schöpfungsgeschichte benutzt. Gott schuf die Welt in 7 Tagen und alles, was er erschaffen hatte, beurteilte er als ‚gut'. Das Ergebnis des 6. Schöpfungstages erhielt sogar die Note ‚sehr gut'. Im Garten Eden gab es den Baum der Erkenntnis, dessen Früchte Adam und Eva verboten waren. Verführt von der Schlange übertraten sie das Verbot. Nun kannten sie den Unterschied zwischen ‚gut' und ‚böse'.

Eritis sicut Deus scientes bonum et malum.[23]

Es ist und bleibt ein Geheimnis der Bibel, warum das ethische Unterscheidungsvermögen der Menschen durch die Verletzung eines

[23] Ihr werdet sein wie Gott und wissen, was gut und böse ist.

göttlichen Gebotes entstanden ist. Die Methode, die der Schöpfer anwendete, um seinen Geschöpfen die ethischen Grundbegriffe ‚gut' und ‚böse' zu lehren, mutet sonderbar an. Gewiss hätte es für Gott Vater andere Informationsmöglichkeiten gegeben, als sie durch die Übertretung eines strengen Verbotes in den Besitz der Wahrheit kommen zu lassen. Das Handeln gegen ein strenges Gebot Gottes ist unter dem Begriff ‚Sünde' zu subsumieren. Kann also nur die Sünde das Tor zur ethischen Wahrheit öffnen?

Ob Gott Vater auch retrospektiv seine Schöpfungen als ‚gut' beurteilen würde, ist höchst zweifelhaft. Denn vor Beginn der Sintflut äußerte sich der Schöpfer negativ über das Menschengeschlecht.

„Ich will den Menschen, den ich geschaffen, vom Erdboden vertilgen (...). Denn es reut mich, sie gemacht zu haben." Nur Noah fand Gnade vor Gott und konnte sich, seine Familie und das gesamte Genom der Tierwelt vor der Ausrottung retten. Als Begründung für die erbarmungslos anmutende Entscheidung Gottes ist im Alten Testament ausgeführt:
„Der Herr sah, wie groß die menschliche Bosheit war und dass jegliches Gebilde ihrer Herzensgedanken allzeit nur böse war" (Genesis, 6, 5 + 6). Kann denn nur die Sünde das Tor zur Wahrheit öffnen?

Der naturwissenschaftlichen Forschung im 20. Jahrhundert ist eine andere Lokalisation des Bösen gelungen. Der Ursprung des Bösen hat sich vom ‚Herz' in das ‚Gehirn' verlagert. Das Urhirn (*Archencephalon*) wird als Quelle des Bösen angesehen.[24]

In das Kapitel Definitionen gehört auch die Erbsündentheorie des Kirchenvaters Augustinus. Sündigen = Böses tun ist den Menschen seit Adam und Evas Sündenfall als Erblast mit auf den Weg

---

[24] MacLean, Paul T.: III. Kap. S. 37.

gegeben. Der Sündenmakel kann nur durch die Taufe getilgt werden. Für das Dogma der Erbsünde bringen die Menschen unserer Zeit kein Verständnis auf. Ein eben geborenes Kind ist für uns unschuldig. Dem Neonaten fehlt das Unterscheidungsvermögen für ‚Gut' und ‚Böse'.[25] In einem langwierigen Erziehungsprozess wird die Fähigkeit zwischen ‚Verbotenem' und ‚Erlaubtem', also von ‚Gutem' und ‚Bösem' zu unterscheiden, langsam erworben. Gelingt die Internalisierung der ethischen Begriffe nicht oder nur unvollkommen, ist eine asoziale oder antisoziale Lebensführung die Folge.

Für die Beurteilung des Verhaltens von Menschen gibt es keine weltgültigen, für alle verbindlichen Kriterien. Über den Erfolg der Terrorbomber vom 11. September 2001 sollen Menschen in arabischen Städten gejubelt haben. Die Züchtigung des bösen Amerikas galt als Gott wohlgefällige Aktion gläubiger Moslems.

Auf der Erde leben zurzeit rund 6,8 Milliarden Menschen. Ein für alle verbindliches Welt-Ethos gibt es nicht und wird es auch nie geben, denn Kulturen und Religionen sind grundverschieden. Mächtige Organisationen wie die UNO und der Weltsicherheitsrat sind nicht in der Lage ‚Böses' zu verhüten oder die Bösen angemessen zu bestrafen. Die Hilflosigkeit des Weltsicherheitsrates zeigt sich in diesen Tagen besonders in der Untätigkeit der UNO, dem Völkermord und den ethnischen Säuberungen in Darfur (Sudan) Einhalt zu gebieten.

---

[25] *Tabula-Rasa*-Theorie.

Anmerkung:

Beim Thema ‚Das Böse' soll kurz die Weltanschauung des Manichäismus erläutert werden. Es handelt sich um eine Religion der Spätantike, die von dem Perser Manes[26] gestiftet wurde. Kerninhalt dieser Stiftung ist ein dualistisches Konzept. Die Weltordnung ist durch ein dualistisches Prinzip entstanden:

- Geist – Materie,
- Gut – Böse,
- Licht – Finsternis.

Ormuzd und Ahriman verkörpern miteinander kämpfende Mächte, in die die Menschen eingebunden sind. Die Lichtelemente des Menschen, seine ‚Lichtseele' wird bei der Erlösung wieder in das Reich des Lichtes geführt, während das Materielle, das Böse, in die Welt der Finsternis zurückkehrt. Spuren des Manichäismus waren noch im Mittelalter in Frankreich zu finden (Katharer). Augustinus, der bedeutendste Kirchenlehrer des christlichen Altertums, soll vor seiner Bekehrung durch den Mailänder Bischof Ambrosius (386 n. Chr.) Manichäer gewesen sein.

Augustinus hat das Böse knapp formuliert: *Id, quod nocet!* Der Umkehrschluss, dass alles gut ist was nützt, kann jedoch nicht so schlüssig vollzogen werden. Geld ist zweifelfrei ‚nützlich', aber ob Geld ‚gut' ist?

---

[26] Manes wurde 276 n. Chr. in Persien hingerichtet.

II. Kapitel

Adiaphora, ein Territorium zwischen ‚Gut' und ‚Böse'

Philosophen der Antike (Zeno, Prodikos, Epikur u.a.) waren der Ansicht, dass es zwischen Gut und Böse einen Bereich ethisch neutralen Handelns gibt, den sie ‚*Adiaphora*'[27] nannten. Im Verhalten der Menschen gibt es unzählige Varianten, die sich nicht den Kategorien Gut und Böse zuordnen lassen. Denn es fehlen die Kriterien, die die Subsumtion unter die Kategorien Gut oder Böse überzeugend begründen könnten. Gut und Böse sind abstrakte Ordnungsbegriffe, die für die Wertung konkreter Handlungen oder Unterlassungen notwendig sind. In der empirischen Welt gibt es weder das absolut Gute noch das absolut Böse. Alles Tun und Lassen geschieht in einem Bereich, der von den Polen Gut und Böse begrenzt wird. Die Analyse eines Aktes einschließlich der ihn verursachenden Entscheidungsgründe, hat das Ziel die Zuordnung (Subsumtion) zum Reich des Bösen, des Guten oder der *Adiaphora* zu vollziehen und zu begründen. Die Aktanalyse muss sich damit abfinden, dass es absolut gültige Zuordnungskriterien nicht gibt. Daher kann nur die Nähe zu einem der beiden Pole festgestellt werden. Die überwiegende Mehrzahl aller Akte lässt sich nicht subsumieren, sie sind ethisch neutral.

Das Territorium *Adiaphora* zwischen den Polen Gut und Böse ist unüberschaubar groß. Nur selten lassen sich die Aktivitäten des Alltaglebens als ‚gut' oder ‚böse' qualifizieren. Unser tagtägliches Tun ist überwiegend ethisch neutral.

---

[27] To diaphoron: das Unterscheidende; *Adiaphora*: das nicht Unterscheidbare, nicht Zuordnungsfähige. Der lateinische Begriff lautet: *Indiferentia.*

Allgemeinverbindliche Kriterien für die ethische Wertung konkreten Verhaltens gibt es nicht. Die Bewertungsmaßstäbe weisen gravierende Unterschiede auf. So beurteilen westlich geprägte Menschen die Selbstmordattentate fanatischer Moslems als ‚böse', während sie von der islamischen Bevölkerung überwiegend als ‚gut' beurteilt werden. Den Attentätern winken metaphysische Belohnungen, denn sie werden unmittelbar nach der Tat in das Paradies aufgenommen. Auch die Zerstörung der *Twin Towers* in Manhattan (11. September 2001) hat in der arabischen Bevölkerung, glaubt man den TV-Informationen, großen Jubel ausgelöst. Die Vereinigten Staaten werden vielfach mit dem Reich des Bösen, das vom Satan regiert wird, verglichen.

Typisch für das Fehlen objektiver Kriterien für die Wertung menschlichen Verhaltens ist die Diskrepanz bei der moralischen Wertung sexueller Aktivitäten. Der Dekalog nennt im 6. Gebot als Sünde nur den Ehebruch. Was theologische Moralisten aus dem 6. Gebot an Verboten abgeleitet haben, kann man dem Beichtspiegel der katholischen Kirche entnehmen. So heißt es in dem von dem Benediktiner Anselm Schott redigierten Messbuch der Heiligen Kirche[28] in einer exzessiven Auslegung des Gebotes, dass man vor der Beichte prüfen muss, ob man „unkeusche Gedanken mit Wohlgefallen in sich unterhalten hat", ob man „Unkeusches getan oder zugelassen hat". Selbst unkeusche Blicke und unkeusche Berührungen gelten als sündhaft.[29]

Die Ausdehnung negativer Wertungen im sexuellen Bereich steht in krassem Widerspruch zur Natur des Menschen, die sein Verhalten im Sexualbereich weitgehend determiniert. Bei der negativen Bewertung sexueller Aktivitäten sollten die Moralisten daran denken, dass Gott die Menschen als Mann und Frau erschaffen und

---

[28] Herder Verlag 1953.

[29] Messbuch, S. 175 im Anhang.

mit den für die Realisierung sexueller Antriebe erforderlichen Organen ausgestattet hat. Auch das endokrine Drüsensystem, das die für sexuelle Aktivitäten erforderlichen Hormone (u.a. Testosteron) produziert, gehört zu den im Schöpfungsplan vorgesehenen Tatsachen, die nicht als Negatives abgewertet werden sollten. Die sinnliche Erregung eines normal empfindenden Mannes beim Anblick einer attraktiven Frau, die ihre Reize nicht verhüllt, ist ein Naturphänomen, das nicht als ‚böse' (sündhaft) abgewertet werden darf. Die moralische Missbilligung sexuellen Verhaltens soll sich nur auf die Perversionen beziehen, die für den Partner mit Schmerzen oder Verletzungen verbunden sind (sexuelle Vergewaltigung).
In der abendländischen Kultur gibt es jedoch Fakten, die einstimmig als böse, sündhaft oder in säkularer Diktion als kriminell beurteilt werden. Die Tötung eines Menschen, die Vergewaltigung, der sexuelle Missbrauch von Kindern mit nachfolgender Tötung des Opfers gelten nach den gültigen Maßstäben als böse.

Im XIV. Kapitel sind drei Kriminalfälle beschrieben, die als Inkarnation des Bösen zu beurteilen sind.

Über Gutes erfährt man selten Details, während über spektakuläre Morde von den Medien in allen Einzelheiten berichtet wird. Es gibt allerdings, wenn auch sehr selten, Beispiele für gute Taten, die der Öffentlichkeit bekannt werden. Christian Feldmann[30] hat in einer Monografie vom Leben der aus Albanien stammenden Ordensschwester Agnes berichtet. Sie hat sich in Indien für Arme, Kranke und verwahrloste Kinder aufgeopfert. Mutter Teresa starb 1997 in Kalkutta. 2003 wurde sie selig gesprochen. Ihre für Durchschnittsmenschen unbegreifliche Bereitschaft den Ärmsten zu dienen ist dem absolut Guten, dem ethisch positiven Pol menschlichen Verhaltens so nahe, dass das Absolutheitskriterium im Rahmen des empirisch Möglichen erfüllt ist.

---

[30] Feldmann, Chr.: Mutter Teresa. 1997.[3]

Beispiele für Menschen, die dem negativen Pol, dem absolut Bösen bedenklich nahe kommen, gibt es in unserer Zeit, besonders im 20. Jahrhundert massiv, aber auch schon in den ersten Jahren des 21. Jahrhunderts in kaum noch überschaubarer Menge.[31]

Anmerkungen:

I. Abstrakte Denkgebilde wie *Adiaphora* haben zuweilen konkrete Folgen. Im II. Adiaphoristenstreit – der erste Streit betraf theologische Spitzfindigkeiten – ging es um eher banale Fragen. Die Kalvinisten erklärten Tanzen, Kartenspielen, Theaterbesuche und ähnliche Vergnügungen für Sünde. Anhänger des lebensfrohen Martin Luther hatten dagegen keine moralischen Bedenken. Moralisch rigoros urteilten später auch die Pietisten.

II. Ethische Wertungen beziehen sich fast nur auf konkrete Taten. Die gesamte Lebensführung ist schwer zu beurteilen. Sie besteht aus unendlich vielen Einzelakten, die retrospektiv nicht mehr zu eruieren sind.

III. Die Beurteilungskriterien für die ethische Wertung konkreter Taten sind nicht objektiv und allgemeinverbindlich. Die Subjektivität wirkt sich besonders im *Adiaphora*bereich aus. Grenzfälle können je nach der Wertskala dem positiven oder negativen Pol zugeordnet werden.

[31] S. Kapitel XIV. u. XV.

III. Kapitel

Die Entstehung des Bösen
Die Peripetie-Hypothese
Reptilgehirn und Aggressivität

Die biblische Interpretation des Bösen geht von der Annahme aus, dass das Böse von Anfang an im Menschen angelegt ist. Die Peripetie-Hypothese nimmt an, dass der Impuls Böses zu tun, also einem Mitmenschen vorsätzlich Schaden zuzufügen, erst zum Zeitpunkt X der Entwicklungsgeschichte als neue Determinante das Verhalten der Individuen bestimmt.

Die erste Verwirklichung böser Triebe wirkte ansteckend. Das Böse breitete sich pandemisch über den Erdkreis aus.[32] Der Sündenfall des Menschengeschlechts ist daher nicht im Übertreten des göttlichen Gebotes ‚Ihr dürft nicht vom Baum der Erkenntnis essen' zu finden, sondern in einem jähen Durchbruch aggressiver Impulse, die sich gegen einen Stammesgenossen richteten. Das spektakuläre Ereignis löste zunächst Entsetzen aus, wurde aber wie alles Böse auch als Faszinans empfunden. Diese Tat provozierte – wie alles Böse – Imitationsgelüste. Nach diesem ersten *crimen* trat das Böse seinen Siegeszug an. Die Peripetie[33] eines einzigen Hominiden hatte weltweite Folgen.

Im Gegensatz zur biologischen Deutung des Sündenfalles, der ersten bösen Tat in der Menschheitsgeschichte geht die theologische

---

[32] Das von dem französischen Kriminologen Gabriel Tarde (1843-1904) beschriebene soziologische Gesetz der Imitation gilt für archaische Zeiten ebenso wie für die Moderne. (‚*Les Lois de l'imitation*'. Paris 1894.).

[33] Peripetie: Die unerwartete totale Wende im Verhalten eines Menschen.

Interpretation des Bösen von zwei Voraussetzungen aus, die als Konjekturata[34] zu bewerten sind:

I. Die Existenz des Paradieses.
II. Die Annahme, dass im Paradies zwei handlungsfähige Wesen gelebt haben: Adam und Eva.
Die Gestalten von Adam und Eva sind mythische Bilder, keine Menschen aus Fleisch und Blut. Mit diesem Paar wird der Ursprung des Menschengeschlechtes symbolisch dargestellt.

Zum Begriff ‚Paradies':
Das Wort ‚Paradies' ist für manchen Menschen ein Begriff durch den eine attraktive Realität vorgegaukelt wird. Für Paradiesgläubige ist das Paradies, der Garten Eden, ein Eldorado voller Bäume, Blumen, Gewässer und – im Islam – belebt von attraktiven jungen Frauen, die den Paradiesanwärtern als Belohnung für Allah wohlgefälliges Verhalten winken. Es ist eine theologische Perversion, den Bombenattentätern in islamischen Ländern die sofortige Aufnahme in das Paradies zu versprechen, wenn sie sich in die Luft sprengen und möglichst viele Menschen – Gläubige wie Ungläubige – mit in den Tod reißen. Diese Steinzeitreligiosität ist im Islam noch nicht überwunden. Eine Reformation hat es noch nicht gegeben.

Jeder naturwissenschaftlich denkende Mensch weiß, dass die atmosphärischen Bedingungen für Bäume, Pflanzen und schöne Menschen im transempirischen Raum (= Himmel, Paradies) nicht gegeben sind. Das Paradies ist also ein reines Phantasieprodukt.

Auch im Neuen Testament finden wir das Wort ‚Paradies'. Jesus

---

[34] Konjekturata: Bloße Vermutungen wie ein Sachverhalt beschaffen sein könnte. Einzelheiten bei W. de Boor: Reflexionen. Köln. 2007, S. 1.

tröstet seinen Leidensgefährten, einen Räuber, mit den Worten: „Wahrlich, ich sage Dir: heute noch wirst Du mit mir sein im Paradies" (Lukas, 23, 43).

Jesus wusste, dass es das Paradies nicht gibt. Mit seinen Worten wollte er dem Verzweifelten Trost spenden.

An die physische Existenz von Adam und Eva im Garten Eden glauben heute nur noch die Kreationisten. Im US-Staat Kansas ist seit Anfang 2007 im Biologieunterricht der Schulen, neben der Evolutionslehre von Darwin die Kreationstheorie der Bibel zugelassen.[35] Nach Ansicht der Schulaufsichtsbehörde in Topeka ist die Annahme eines ‚intelligenten Designers' (Schöpfer) plausibler als die Darwin'sche Evolutionstheorie von Anpassung und Auslese der Stärksten.

Das Erbsünde-Dogma von Augustinus (*Peccatum originale*) beruht auf der Ursünde von Adam und Eva. Dieses Dogma findet immer noch Anhänger. Mit dem Rechtsempfinden unserer Zeit ist es unvereinbar. Wir kennen nur eine persönliche Schuld. Unschuldig geborene Wesen werden mit dem Makel der Erbsünde belastet. Nur durch die Taufe kann das Sündenmerkmal ausgelöscht werden. Die Katholische Kirche feiert am 28. Dezember das Fest der ‚Unschuldigen Kinder'. Es muss also auch erbsündenfreie Wesen geben, sonst wäre ein derartiger Feiertag widersinnig. Nach unserem Rechtsempfinden ist nur persönliche Schuld Grund für Tadel und Bestrafung.

Philosophen, Theologen und Anthropologen bemühen sich seit Jahrhunderten das Geheimnis der Genese des Bösen zu enträtseln. Ein berühmter Philosoph des 18. Jahrhunderts soll das Böse

---

[35] FAZ v. 17.10.2005, S. 7.

als eine „Idee des Satans“[36] interpretiert haben. In dieser Form wird die unbekannte Größe X (die Genese des Bösen) durch die unbekannte Größe Y (Satan) erklärt. Sollte ein solcher Satz jemals gedacht worden sein, dann ist er als reines Phantasieprodukt zu bewerten.

Als naturwissenschaftlich geprägter Mensch mit nur knapp ausreichenden Kenntnissen der Theologie habe ich mich mit der ungeklärten Genese des Bösen, dessen Existenz die Welt dominiert, jahrelang beschäftigt. Bei Literaturstudien fand ich eine Veröffentlichung des kanadischen Neurologen MacLean[37] der 1973 die folgende These vertrat. Das Gehirn des Menschen lässt eine dreifache Gliederung erkennen:

I. Das *Archencephalon*
Das *Archencephalon*, das Stammhirn, ist ein biologisches Erbe, das wir gemeinsam mit den Säugetieren haben. Das *Archencephalon* wird auch als *Paläo-Encephalon* (= Urhirn) bezeichnet. Dieses Urhirn ist die Quelle der Aggressivität, die zum Überleben der Art notwendig war (Tötung der Beutetiere um sich und die Art zu erhalten).

II. Das *Mesencephalon* (das limbische System)
Alle Handlungen und Unterlassungen werden von Gefühlen (Emotionen) begleitet, die positiv als Lust oder negativ als Unlust erlebt werden.

III. Der *Cortex*
Der *Cortex*, die Großhirnrinde, ermöglicht das Denken. Die Gedanken können aggressive Impulse hemmen oder stimulieren.

Ungeklärt bleibt, ob zum Verständnis von Tötungshand-

[36] Fundstelle nicht mehr zu ermitteln.

[37] MacLean, Paul T.: A Triune Concept of the Brain and Behaviour. Toronto. 1973.

lungen oder der Unterlassung einer Tötung eine instinktive Tötungshemmungsschwelle angenommen werden kann.[38]

Zur Begründung der These einer instinktiven Tötungshemmung ist anzuführen, dass fast jeder Autofahrer, der auf der Straße Kröten über die Fahrbahn ziehen sieht, fast reflexartig (instinktiv) bremst. Menschen mit hoher Tötungshemmungsschwelle entlassen Bienen, Wespen, Hummeln, aber auch Fliegen in die Freiheit. Andere erschlagen diese Tiere mit der Fliegenklatsche. Kein ethisches Problem ist die Tötung von Mücken, Läusen, Wanzen, Flöhen, Zecken und anderem Getier, das uns peinigen kann. Die Tötung dieser Tiere kann unter dem Begriff ‚Notwehr' subsumiert werden.

Wie oft denken Menschen im Zorn „Ich könnte den oder die umbringen!", aber die Tat unterbleibt, denn eine normal funktionierende Tötungshemmung verhindert eine solche Tat. Ist aber die Tötungshemmungsschwelle eines Menschen – bildhaft ausgedrückt – niedrig oder sehr niedrig, kann der Tötungsimpuls die Schwelle leicht überwinden. Bei Serienmördern ist die Hemmschwelle äußerst niedrig. Die kriminologische Prognose ist dann sehr ungünstig, wenn die zerebrale Tötungshemmungsinstanz, die zu den Instinkten gehört und daher angeboren ist, nicht funktioniert. Besonders deutlich wird die These der zerebralen Hemmung bei den sogenannten Serienmördern. Wer mehrfach tötet, muss eine ungewöhnlich niedrige Tötungshemmungsschwelle haben. Die Frage der instinktiven Tötungshemmung spielt auch in Begnadigungsverfahren eine gewisse Rolle. Wenn ein Mann wie Christian Klar 9 Morde begangen hat, ist die Hemmschwelle zur Unterdrückung homizider Impulse sehr niedrig. Die Rückfallgefahr ist groß. Täter dieser Art bleiben für die Allgemeinheit gefährlich. Ob sie

---

[38] de Boor, W.: Antrieb und Hemmung bei Tötungsdelikten. Heft 9 der Schriftenreihe des Instituts für Konfliktforschung. Köln. 1983.

nach Verbüßung der Strafe in Sicherungsverwahrung (§ 66 StGB) genommen werden können, ist eine rechtspolitisch zurzeit noch nicht endgültig entschiedene Frage.

Da die allerdings hypothetische Tötungshemmungsschwelle zu den angeborenen Instinkten gehört, ist die Stabilisierung einer zu niedrigen Schwelle nicht möglich. Eine Erhöhung auf das Normalmaß durch pädagogische oder sozialtherapeutische Maßnahmen könnte jedoch Ziel sozialtherapeutischer Forschung werden.

Folgt man der Theorie von MacLean, dann entsteht ‚Böses' (z.B. kriminelles Handeln) durch ein Missverhältnis zwischen hohen *archencephalen* Aggressionspotentialen und ungenügenden kortikalen Hemmungen. Das Böse ist also keine ‚Idee des Satans', sondern ein biologisch fundiertes Phänomen, das auf natürlichen Ursachen und nicht auf kosmischen oder anderen extraterrestrischen Einflüssen beruht.

Zur MacLeanschen Theorie ist ergänzend auszuführen, dass es in der Urhorde außer Tötung und sexueller Vergewaltigung keine anderen Delikte gab. In der Urhorde gehörte allen alles. Erst mit dem juristischen Eigentumsbegriff wurden Diebstahl und andere Vermögensdelikte Gegenstand sanktionierender Verfahren.

Fazit:

Das Böse ist ein biologisch begründbares Phänomen. Die Genese des Bösen ist nicht auf extraterrestrische Einflüsse zurückzuführen. Der Beginn des Bösen erfolgte zu einer retrospektiv nicht mehr feststellbaren Zeit, als sich in einem Mitglied der Urhorde eine Peripetie[39] vollzog. Zu diesem, uns unbekannten Zeitpunkt schlug bei einem Angehörigen der Horde die ursprünglich nur auf Beutetiere fixierte Aggression um. Opfer der Aggression wurde

[39] Plötzlicher Umschwung im Verhalten.

ein Artgenosse, der aus uns unbekannten Gründen den ersten Kriminellen der Weltgeschichte zu seiner Tat reizte.

Das Böse hat also reale (biologische) Ursachen und ist nicht auf extraterrestrische Einflüsse zurückzuführen. Der berühmte Ausspruch von Augustinus „*non possum non peccare*" beruht auf einer empirisch gesicherten Grundlage. Gott als Schöpfer der Welt hat die Menschen mit einer triadischen Struktur des Gehirns ausgestattet, die bei uns allen die Sündenneigung verursacht.

Der strafrechtliche Begriff ‚Schuld' ist daher nicht naturwissenschaftlich, sondern nur normativ zu begründen. Ein berühmter Berliner Juraprofessor hat die ‚Schuld' als ‚staatsnotwendige Fiktion' definiert.

Anmerkungen:

I. Hinsichtlich der *causa* für die Peripetie des kriminologischen Archetypus X – mag es sich um einen *Archanthropinen*, einen *Euhominiden* oder schon um einen *Homo sapiens* gehandelt haben – sind nur Vermutungen möglich.

- Mutation?
- Epigenetischer Prozess?
- Akute Hyperdynamik im Stammhirn?
- Psychologisches Spontanphänomen ohne somatische Code terminanten?

Der Begriff ‚Peripetie' ist eine Hypothese, in der nur vermutete biographische und psychophysische Vorgänge zusammengefasst werden. Es ist daher phänomeninadäquat zu versuchen, mit empirischen Methoden das komplexe Ereignis Peripetie zu erklären. Sollte es jedoch Peripetie im Leben einzelner Individuen geben, dann ist das Bestreben, die Entstehungsbedingungen aufzuklären wissenschaftlich legitim.

Die Peripetie Saulus-Paulus[40] ist allerdings nicht mit empirischen Methoden zu erklären. Sie kann nur als divines Ereignis interpretiert werden.

II. Vom Landgericht Schwerin wurden im Juli 2007 zwei Gymnasiasten, 16 und 17 Jahre alt, wegen Mordes zu je 9 Jahren Strafe verurteilt. Sie hatten ein älteres Ehepaar überfallen und mit zahlreichen Messerstichen getötet. Das Tatmotiv konnte im Prozess nicht geklärt werden. Beide Jungens sollen im Computer exzessiv Horrorspiele konsumiert haben. Theoretisch denkbar ist, dass die Engrammspeicher[41] der Täter so prall mit destruktivem Material gefüllt waren, dass hemmende Engramme (Empathie!) ohne Einfluss auf die psychischen Vorgänge *ante actum et in actu* waren.

Paradigmatisch für die Bosheit der Geschöpfe ist die Tat von 3 jungen Männern in der Jugendhaftanstalt Siegburg (NRW). Sie quälten einen Mithäftling viele Stunden lang und erhängten das fast bewusstlose Opfer, um einen Selbstmord vorzutäuschen. Nach der theologischen Immanenztheorie[42] ist der allgegenwärtige Gott (Omnipräsenz) während des Verbrechens ‚dabei', greift aber nicht ein, obwohl er es könnte (Omnipotenztheorie). Der absolut transzendente Gott hat nach Abschluss der Schöpfung – mit einer einzigen Ausnahme[43] – nicht mehr in die Geschicke seiner Geschöpfe eingegriffen (Noningerenztheorie[44]).

---

40 Für die Entwicklung des christlichen Glaubens war die Peripetie Saulus-Paulus von größter Bedeutung. Paulus missionierte nicht nur bei den Juden, sondern vor allem bei heidnischen Populationen.

41 Die Engrammspeicher-Theorie beruht auf den Forschungsergebnisses von Richard Semon (‚Die *Mneme*'. 1904).

42 de Boor, W.: Reflexionen. Köln 2007, S. 56 ff.

43 Die dreifache Divinisierung des Menschen Jesus.

44 de Boor, W.: l. c. S. 64 ff.

IV. Kapitel

Das Böse in der theologischen Literatur

Ein Repertorium der theologischen Literatur über das Böse soll das IV. Kapitel nicht werden. Der Theologieprofessor Herman Häring hat in seinem Bericht über „Das Problem des Bösen in der Theologie“[45] 257 Autoren zitiert, die über das Böse geschrieben haben. Angesichts der schier überwältigenden Fülle der Publikationen habe ich für dieses Kapitel eine radikale Entscheidung getroffen: Es werden nur zwei Autoren aus unserer Zeit berücksichtigt – die Theologieprofessorin Uta Ranke-Heinemann und einer der bedeutendsten Theologen des 20. Jahrhunderts, der Schweizer Professor Karl Barth.

Zu Karl Barth[46]:
Die theologische Position von Barth ist für einen Nicht-Theologen schwer erkennbar. Barth sieht, so meine ich ihn zu verstehen, im ‚Bösen‘ eine Realität, die nicht in Gottes Weltherrschaft passt, aber in der Schöpfung existiert. Das Böse ist für ihn das ‚Nichtige‘. Er charakterisiert das Böse als einen „Widerspruch und Widerstand, ein störrisches Element, als einen Fremdkörper.“[47] Diese Charakteristika des Bösen fasst er in dem Begriff des Nichtigen zusammen. Das Nichtige (= das Böse) ist für Barth ein ‚Drittes Wirkendes‘ außerhalb der Kategorien ‚Sein‘ und ‚Nichts‘.

Jeder Autor darf etablierte Begriffe aus einem anderen Wissenszweig benutzen, um seine Idee von der Qualität eines realen Phä-

---

45 Häring, H.: Das Problem des Bösen in der Theologie. Darmstadt. 1983.

46 Karl Barth (1886-1968). Barth war nach der Ausweisung aus Deutschland (1935) zuletzt Professor in Basel.

47 Barth, K.: Gott und das Nichtige. In: Die kirchliche Dogmatik. Zürich. 1979.[3]

nomens zu verbalisieren. Die Begriffe ‚Nichtigkeit' und ‚nichtig' sind juristische Termini. Nichtigkeit wird dann von einem Gericht festgestellt, wenn ein Rechtsakt (z.B. ein Vertrag) wegen eines Formfehlers von Anfang an rechtsunwirksam ist. Ein nichtiger Rechtsakt ist gleichsam non-existent, so als ob es ihn nie gegeben hätte.

Was einen der hervorragendsten Theologen des 20. Jahrhunderts bewogen hat, das jedem vertraute, real existierende ‚Böse' mit dem juristischen Begriff ‚nichtig' zu verbinden ist – für mich – rätselhaft. Das Böse ist real existent. Ob eine Instanz Formfehler am Phänomen ‚Böse' entdecken kann, ist eine müßige Frage. Denn es gibt keine juristische Instanz zur Aufdeckung von Formfehlern am ‚Bösen'. Das Böse in unserer Welt ist eine Tatsache. Erkennbar sind auch die Folgen böser Taten[48]. Kann angesichts von über 6 Millionen Straftaten, die Jahr für Jahr in Deutschland begangen werden, die Einführung eines abstrakten juristischen Begriffes etwas zum Verständnis des ‚Bösen' beitragen?

Das Böse gehört zur Kategorie des Seins und nicht zum ‚Nichts', es ist keine Kategorie *sui generis.* Jeder aufmerksame Mensch kann das Böse in vielen Varianten erleben, sehen, spüren, erleiden. Ich kann nicht verstehen, wenn Theologen erklären, sie wüssten nicht, was das Böse ist und wie das Böse in die Schöpfung geraten konnte. Aber Böses mit ‚Nichtigem' nicht nur zu vergleichen, sondern als identisch zu beurteilen, stammt aus einer Geisteshaltung, die sich von der Realität weit entfernt hat.

Niemand kann die Frage beantworten, ob das Böse Teil der Schöpfung ist oder ob es außer Gott und seiner Schöpfung ein drittes Essential gibt, eben das Böse. Gott hat sein Werk, folgt man der Bibel (I. Buch Mose), als ‚gut', ja sogar als ‚sehr gut' benotet. Das

[48] Zum Beispiel: Die Selbstmordattentate im Irak mit vielen Opfern.

Böse kann daher am Beginn der Schöpfung nicht da gewesen sein. Es ist erst im Laufe der Evolution manifest geworden. Allerdings findet man bereits in der frühen Menschheitsgeschichte noch ein vernichtendes Urteil Gottes über seine Geschöpfe.

„Als aber der Herr sah, dass der Menschen Bosheit groß war auf Erden und das Dichten und Trachten ihres Herzens nur böse war immerdar, da reute es ihn, dass er die Menschen gemacht hatte auf Erden und es bekümmerte ihn in seinem Herzen und er sprach: Ich will die Menschen, die ich geschaffen habe, vertilgen von der Erde (...).“[49]

Die sündige Menschheit soll außer Noah und seiner Familie durch die Sintflut vertilgt werden. Gott hat das in seinen Geschöpfen realisierte Böse keineswegs als ‚nichtig‘ angesehen, sondern als ein Übel, dass ausgerottet werden muss.

Zu Uta Ranke-Heinemann[50]:
„Der Glaube an den Teufel als den Verursacher des Bösen ist ein Aberglaube. Der Mensch hat den Teufel erfunden, und zwar zu seiner eigenen Entlastung. Der Mensch will nicht für seine Taten verantwortlich sein, aber der Mensch bleibt der allein Verantwortliche. Er und kein anderer ist der Höllenfürst der Erde. Damit soll die Macht des Bösen und auch die Dämonie des Bösen in der Welt nicht verkleinert werden.“
Die Christen hingegen haben das Böse in der Welt immer als einen Beweis für die Existenz des Teufels gesehen. Herbert Haag zitiert in seinem Buch „Vor dem Bösen ratlos?“ (1978) Bischof Graber von Regensburg. Dieser sagte anlässlich des berühmten Besessenheitsfalles 1976 in Klingenberg, bei dem die angeblich besessene Studentin Anneliese Michel auf Veranlassung des Würzburger Bi-

---

[49] I. Buch Mose, 6, 5-7.

[50] Ranke-Heinemann, U.: Gedanken über das Böse. In: Nein und Amen. 2006[6], S. 86 ff.

schofs kirchlicherseits exorziert wurde und darüber starb: „Wenn es den Bösen nicht gibt, dann ist der Mensch allein verantwortlich.“ Der Mensch will nicht allein, möglichst gar nicht für seine bösen Taten verantwortlich sein. „Kann Gott den Menschen als ein solches Scheusal geschaffen haben?“, fragt Bischof Graber weiter, und er gibt auch gleich die Antwort: „Nein, das kann er nicht, denn er ist Liebe und Güte. Wenn es keinen Teufel gibt, dann gibt es keinen Gott.“

Mit diesem theologischen Höhenflug, nach dem die Existenz des Teufels zwingend notwendig ist für die Existenz Gottes, wird das Problem nur verschoben. Der Bischof scheint ≈ für einen Augenblick vergessen zu haben, dass nach kirchlicher Lehre auch der Teufel ein Geschöpf Gottes ist. also hat Gott doch ein Scheusal geschaffen ≈ hebt Herbert Haag richtig hervor.

In der Frage des Ursprungs des Bösen haben die Theologen sich immer für die Möglichkeit entschieden, dass Gott die Übel beseitigen kann, aber aus welchen Gründen auch immer es nicht will. Die Theologen waren eher bereit, Abstriche an Gottes Barmherzigkeit zu machen als an seiner Allmacht. Ein potenter Gott findet mehr Nachläufer als ein mitleidender Gott. Denn der Mensch formt sich das Bild Gottes nach seinem eigenen Bild, und ihm, dem Menschen, bedeutet Potenz und Macht viel, manchmal alles, Barmherzigkeit jedoch weit weniger, manchmal nichts. Aber wir sollten umdenken. Gott kann das Böse nicht abschaffen, es sei denn, dass er die Menschheit abschafft. Denn was ist der Mensch? Was die Krankheiten der Menschen, z.B. die Schlaflosigkeit der Mutter Teresa betrifft, so macht die medizinische Wissenschaft langsam Fortschritte, nicht so die theologische Wissenschaft, was die Frage des Bösen bzw. der sogenannten Erbsünde betrifft.

Als Aberglauben der Theologen einleuchtender als die Erbsündehypothese erscheint mir die Auffassung von Descartes (1650), wenngleich auch er das Rätsel des Bösen nicht löst, und auch nicht meint, es gelöst zu haben: Gott hat den Menschen mit einem unendlichen Willen beschenkt, und darauf beruht des Menschen Größe und Ewigkeitsverlangen, aber Gott gab ihm nicht die Allwissenheit. Der Wille ist mit seinen Wünschen größer als der Verstand mit seinem Verstehen. Das menschliche Fehlverhalten beruht jedoch nicht darauf, dass der Mensch zu wenig weiß – der Mensch ist keine Fehlkonstruktion Gottes in dem Sinne, dass Gott dem Menschen zu wenig Wissen gegeben hätte, sodass er sich dauernd irren müsste – es beruht vielmehr darauf, dass der Mensch seinen großen und freien Willen nicht den Grenzen seines weniger großen Erkennens anpasst, dass er also auch da, wo er nichts weiß, sich ein Urteil zutraut, dass er Aversionen fasst, wo er falsch informiert war, dass er verurteilt, ohne zu begreifen, dass er sich für Dinge entscheidet, die er nicht erkannt hat.

Abschließend ein Beispiel für ein schweres Verbrechen aus religiösem Motiv, und zwar innerhalb des Christentums und dort an zentraler, allerhöchster, maßgeblicher Stelle. Am 3. September 2000 sprach Johannes Paul II. gegen weltweiten Protest Pius IX., den Verkünder des Dogmas von der päpstlichen Unfehlbarkeit 1870, selig, obwohl Pius IX. die Juden als ‚Hunde' (Time, 04.09.2000) bezeichnete und das sechsjährige Judenkind Edgar Mortara 1858 hatte entführen lassen."

V. Kapitel

Das Böse in der philosophischen Literatur

Die Philosophen der Antike haben sich intensiv mit der Frage der Ethik befasst. Sokrates lehrt, dass ‚niemand das Böse um des bösen Willens tut, sondern immer schwebt ihm ein Gutes vor, das er erstrebt'. Der Mensch könne sich allerdings irren, indem, was er für ‚gut' hält. Wüsste er sicher, was gut ist, dann kann er das Böse nicht wollen.

Das Fazit der Philosophen der Antike lautet: Tugend ist Wissen und folglich: Tugend ist lehrbar.

Die Ethik wurde damals nur normativ interpretiert: „Ethik ist nicht nur kompetent zu lehren, was geschehen soll, sondern sie hat auch die Kraft und den Willen, das Tun damit zu bestimmen. Sittlich schlecht ist der ‚Unwissende', der ‚Gute' ist der Weise."

Die christliche Ethik geht einen völlig anderen Weg. Kernsubstanz der christlichen Ethik ist die menschliche Schwäche und die Macht des Bösen. Das Wissen der Menschen ist machtlos, also sündigt er. Jeder Christ kennt die 10 Gebote und er steht *ante actum* vor der Entscheidung für oder gegen die Gebote des Dekalogs. Eine finstere, irrationale Macht – so N. Hartmann[51] – wirkt bei diesen Entscheidungen mit und erweist sich als die stärkere Kraft. Das ‚Fleisch', d.h. der Mensch, ist schwach. Nur Gott allein kann helfen, ihn von der Macht des Bösen zu erlösen.

Die Philosophen haben nur wenig zur Klärung der Genese des Bösen beigetragen. Die naturwissenschaftlich fundierte Theorie des

---

[51] Hartmann, N.: Ethik. 1962[4], S. 23.

kanadischen Neurologen MacLean vom Ursprung des Bösen im *Archencephalon*, dem ältesten Teil des Gehirns, leuchtet unmittelbar ein.[52] Im *Archencephalon*, dem Stammhirn, entstehen die aggressiven Antriebe, die sich in der Realität als das Böse manifestieren.
Die Auffassung von der Genese des Bösen bei Philosophen ist völlig anders. Kant sieht im Bösen eine ‚Idee des Satans'. Sprüche dieser Art sind für Theologen nachvollziehbar. Den naturwissenschaftlich gebildeten Menschen überzeugen sie nicht. Denn der Satan ist ein Konjekturatum, eine bloße Vermutung. Ob es ihn gibt oder nicht, weiß kein Mensch.

Schopenhauer vertritt im Gegensatz zur antiken Philosophie die Auffassung, dass Ethik überhaupt nicht normativ zu deuten ist. Ethik könne weder das Leben der Menschen bestimmen, noch die Menschen belehren, wie sie sich in ihrem Leben zu benehmen haben. Ethik ist – so Schopenhauer – ohne Einfluss zum Guten wie zum Bösen, sie ist eine ‚reine Theorie'.[53]

Auf die philosophische Literatur der Gegenwart zum Thema dieses Kapitels kann nur kurz hingewiesen werden.

1. Die amerikanische Philosophin Susan Neiman lehrt am Einstein-Forum in Potsdam Philosophie. Ihre Stellungnahme zum Bösen hat sie in einer wissenschaftsgeschichtlich orientierten Monografie zusammengefasst.[54] Das Werk trägt den Untertitel: Eine andere Geschichte der Philosophie. Die Autorin setzt sich nur mit den berühmten Philosophen auseinander, die sich mit der Genese des Bösen befasst haben. Sie beginnt mit Rousseau, Kant, Hegel, Marx und Nietzsche. Analysiert

[52] MacLean, P.F.: A Triune Concept of the Brain and Behaviour. Toronto. 1973.

[53] Zitiert nach N. Hartmann S. 26.

[54] Neiman, S.: Das böse Denken. Suhrkamp. 2004.

werden auch die Publikationen von Voltaire, David Hume und Schopenhauer.

Von den Autoren der Gegenwart nennt Neiman Sigmund Freud, Karl Löwith und Hannah Arendt. Eine die Ergebnisse ihrer Textanalysen zusammenfassende Schlussthese, ein Fazit ihrer Bemühungen fehlt. Daher ist die Lektüre dieser brillant geschriebenen Synopsis letztlich enttäuschend. Die eigene Position der Autorin ist nicht zu erkennen. Denn auf die Theologen und Philosophen seit Jahrhunderten bewegende Frage: ‚Wie kommt das Böse in eine Welt, die ein gütiger ‚lieber' Gott geschaffen hat', gibt Susan Neiman keine Antwort. Das *Theodizee*-Problem sieht sie in Übereinstimmung mit vielen Philosophen und Theologen als unlösbar an. Dass das Theodizee-Problem logisch lösbar ist, hoffe ich mit meiner Theorie Gottes als das *‚Ens transzendens absolutum'* rational befriedigend gelöst zu haben.[55] Der absolut transzendente Gott ist weder für das Gute noch für das Böse in der empirischen Welt kausal und daher nach einem typisch terrestrischen Begriff nicht ‚verantwortlich'. Eine höhere Instanz als Gott, vor der er sich zu verantworten hätte ist undenkbar.

Der französische Philosoph Paul Ricoeur[56] (1913-2005) hat sich sein Leben lang mit dem Problem des Bösen auseinander gesetzt. Er hat eine ‚Symbolik des Bösen' verfasst (1988) und erläutert in der Schrift ‚Das Böse' seine Deutung des Phänomens aus philosophischer Sicht. Das wichtigste Ergebnis seines Denkens ist die Feststellung, dass ‚Das Böse' keine substantielle wesenhafte Entität ist, sondern eine Abstraktion, ein *Ens rationis*.

---

[55] de Boor, W.: Reflexionen. Köln. 2007, S. 173.

[56] Ricoeur, P.: Das Böse. Eine Herausforderung für Philosophie und Theologie. Zürich. 2006.

Ricoeur hat 1985 in einem Vortrag in Lausanne den Begriff ‚Onto.Theologie' in die philosophische Terminologie eingeführt. Ein Resultat der onto-theologi-schen Forschung ist die Negation der Wesenhaftigkeit des ‚Bösen':
„Ein substanzielles wesenhaftes Böses gibt es nicht," (S. 29).

Das Studium der philosophischen Literatur zur Existenz des Bösen dürfte nie oder nur extrem selten einen Menschen bewogen haben, eine geplante böse Tat zu unterlassen und etwas Gutes zu tun. Selbst das so präzis verfasste Strafgesetzbuch mit seinen unmissverständlichen Strafandrohungen verhindert nur selten kriminelle Aktivitäten. Die Drohung reduziert die Crimengelüste auf ein gesellschaftlich einigermaßen erträgliches Maß.

Die Theologen sind im Vergleich zu den Philosophen hinsichtlich der Gestaltung des Lebens in einer günstigeren Lage. Theologen können in den Vorschulen, den Schulen, aber auch im Elternhaus durch Gespräche und Informationen über ethische Regeln (z.B. Dekalog) Einfluss auf die Lebensführung junger, aber auch älterer Menschen nehmen.
Die stammesgeschichtlich geprägte zerebrale Struktur des menschlichen Gehirns hat zur Folge, dass Aggressivität als biologisch fundierte Eigenschaft der Menschen zu bewerten ist. Im Stammhirn (*Archencephalon*) ist der Ursprung böser Antriebe zu vermuten. Durch sachkundige Informationen in Schule und Elternhaus, aber auch durch Vorbilder gelingt es, die archaische Aggressivität zu zügeln. Das ist der Grund, warum nicht alle aggressiv-kriminell werden, sondern nur die Personen, deren – hohe – Aggressionspotenziale nicht ausreichend durch kortikale Funktionen (Vernunft) gehemmt werden. Weil Aggressivität ein biologisches Faktum ist, lastet auf jedem Volk ein ‚*Budget criminel*' (A. Quételet), das auch durch

noch so ausgeklügelte Präventionsstrategien nicht messbar zu beeinflussen ist. Kriminalität, d.h. Verwirklichung des Bösen ist ein naturgegebenes Phänomen, dessen Konturen durch anthropophile (humanistische) Bemühungen kaum zu verändern sind.

Anmerkung:

Die Frage des römischen Staatsmannes und Philosophen Boethius[57]:

„Gibt es einen Gott, woher das Übel?"

„Gibt es keinen Gott, woher des Böse?"

kann heute leichter als damals beantwortet werden. Das Übel, das Böse kommt aus dem Urhirn, dem *Archencephalon*, auch als ‚Reptilgehirn' bezeichnet. Das Gute, ein Produkt der Vernunft stammt aus dem *Cortex*, der Großhirnrinde. Der nahezu absolut transzendente Gott ist also weder für die Genese des Gutes, noch des Bösen kausal, vom initialen Schöpfungsakt abgesehen.

Weiterführende Literatur:

Glucksmann, A.: Das Gute und das Böse. Hildesheim. 1998.

Reiner, H.: Das Prinzip von Gut und Böse. Freiburg. 1949.

Ricoeur, P: Das Böse. Zürich. 2006.

---

[57] Anicius Boethius (480-525). Rom.

VI. Kapitel

Willensfreiheit oder Determinismus?

Die uralte, mit naturwissenschaftlichen Methoden nicht abschließend beantwortbare Frage, ob sich Menschen ‚frei' entscheiden und ‚frei' handeln können, ist nach dem Stand der Neurowissenschaften vorerst nur hypothetisch zu beantworten. Subjektiv fühlen wir uns ‚frei'. Nur Zwangsneurotikern fehlt das Gefühl, frei entscheiden und frei handeln zu können. Anankasten müssen – wie bei Kontrollzwängen – immer wieder prüfen, ob Gas oder Strom abgeschaltet sind, obwohl sie genau wissen, dass sie das Gerät abgestellt haben. Bei psychisch Kranken im Sinne der psychiatrischen Systematik (z.B. bei halluzinierenden Schizophrenen) fehlt das Freiheitsgefühl.

Objektiv, d.h. von außen als ein Gegenstand der Natur gesehen, sind wir nicht willensfrei, sondern von zahlreichen Faktoren determiniert. Von diesen Determinanten werden 5 Faktoren beschrieben, die als *causa* am Willensbildungsprozess beteiligt sind. Eine freie, von jeder Kausalität unbeeinflusste Willensbildung, aber auch die Ausführung des Gewollten ist, wenn diese Analyse richtig ist, auszuschließen.

Vor der Beschreibung der Kausalfaktoren soll an einem banalen Beispiel gezeigt werden, dass subjektive Gefühle und objektives Verhalten ihren Ursprung fundamental verschiedenen Bewusstseinsinhalten verdanken.

Wenn Frau Müller einen Supermarkt aufsucht, um ihre Einkäufe zu machen, tut sie das mit der Gewissheit: „Ich kann subjektiv frei entscheiden, ob ich meine Einkäufe heute Vormittag oder erst am Nachmittag mache." Es handelt sich um eine *adiaphorare*[58], eine ethisch neutrale Entscheidungssituation.

Die Frage „Willensfreiheit oder Determinismus" wird komplizierter, wenn Frau Müller vor einem Regal mit Kosmetika steht und in ihr plötzlich der Gedanke auftaucht: „Du kannst ja ein Flakon Parfüm in deine Manteltasche stecken und an der Kasse nicht bezahlen." Das ist ein Stehlakt, der insofern als frei empfunden wird, als Frau Müller während des Stehlaktes weiß, dass sie das Parfüm wieder in das Regal legen kann. Frau Müller ist eine normale[59] Hausfrau, die bis zum Tag X Einkäufe ohne Diebstahlsimpulse gemacht hat. Beim pathologischen Stehlen (Kleptomanie) kommt als Kausalfaktor eine sozialpathologische Störung oder eine psychische Krankheit hinzu. Die empirischen Grundlagen für die in diesem Kapitel beschriebene Theorie beruhen auf Untersuchungen und Befragungen vieler psychisch normaler Warenhausdiebinnen und -diebe.

Als Naturphänomen war der Diebstahl von Frau Müller kein freier, personal gesteuerter Akt. Ihr diebisches Verhalten wurde von 5 Faktoren determiniert:

I. Die aktuelle psychosomatische Befindlichkeit (= endogene Bedürfniskonstellation),
II. Genetische Faktoren,
III. Die konkrete Situation (Umwelt),
IV. Die Engrammspeicherfunktion,[60]
V. Die Naturgesetze.

---

[58] S. II. Kapitel.

[59] Normal = ohne psycho-pathologische Symptome.

[60] Diese Theorie wurde 1904 von dem Jenenser Zoologieprofessor Richard Semon formuliert.

Zu I. Die endogene Bedürfniskonstellation:
Die aktuelle psychosomatische Befindlichkeit wird von der Situation im Organismus bestimmt. Spüre ich Hunger, dann ‚will' ich essen, habe ich Durst, dann ‚will' ich trinken. Ist der Enddarm prall gefüllt, dominiert das Defäkationsbedürfnis, ob ich es ‚will' oder nicht. Eine volle Blase zwingt zur Entleerung. Sexuelle Spannung drängt zur Entladung, sei es durch koitieren oder masturbieren. Der Drangzustand kann dann unterdrückt werden, wenn die Situation die Befriedigung des Bedürfnisses verhindert. Schwieriger als die Befriedigung somatogener Bedürfnisse ist die Begründung für die Realisierung Intentionen spiritueller Art. Ein Buch zu lesen, Musik zu hören oder an einer wissenschaftlichen Studie zu arbeiten, sind Bedürfnisse, deren Qualität sich absolut von den somatogenen Antrieben unterscheidet. Das krasseste Beispiel für den Zwang, somatische Bedürfnisse zu befriedigen, ist die Atmung. Sie erfolgt, ob ich das will oder nicht! Auch Anhänger der Willensfreiheit werden einräumen, dass es nicht von meinem ‚Willen' abhängt, ob ich atme oder den Atem – noch willensfrei – für einige Sekunden anhalte. Das ist aber aus physiologischen Gründen nur für einige Sekunden möglich. Aus der medizinischen Literatur kenne ich keinen Bericht über Atemexperimente. Nie wurde beobachtet, dass ein suizidaler Mensch sagt: „Ich will nicht weiter atmen", und an diesem Entschluss bis zum Tod durch Sauerstoffmangel festhält.

Zu II. Der genetische Faktor:
Kein Mann kann den Wunsch oder den Willen realisieren: „Ich will schwanger werden!" Eine Frau kann keine Spermien produzieren, auch wenn sie sich inständig wünscht, sich wie ein zeugungsfähiger Mann verhalten zu können. Das Sexualverhalten der Menschen ist vollständig von genetischen Faktoren determiniert. Varianten im Sexualverhalten beruhen überwiegend auf sozio-kulturellen Einflüssen.

Zu III. Die konkrete Umwelt:

(zur Zeit der Willensbildung und Ausführung des Gewollten)

Jedes Verhalten, Denken und Handeln ist von der Situation abhängig, in der eine als frei empfundene Entscheidung gefällt wird. Ich kann zwar denken: Ich will Champagner trinken. Wenn aber nur Bier und Sprudel vorhanden sind, ist die Willensregung ‚Champagnerwunsch' nicht realisierbar.

Wenn ich mich in der Sahara aufhalte, unter Hitze und Durst leide, kann ich den Wunsch (den Willen) zu trinken nur dann realisieren, wenn Trinkbares da ist. Jede konkret gegebene Situation kodeterminiert die Willensbildung und führt nur dann zur Realisierung des Gewollten, wenn die äußeren Umstände es ermöglichen. Allein in der Wüste ohne Veränderung der konkreten Umwelt ist eine freie Willensentscheidung, soweit sie die Durststillung betrifft, nicht möglich. Der Wüstenbesucher steht unter dem Diktat einer Umwelt, die die ‚Willensfreiheit' bei der Durstbefriedigung ausschließt.

Zu IV. Die Engrammspeicherfunktion:

Die wenig bekannte Engrammspeichertheorie von Richard Semon bedarf der Erläuterung.

Der menschliche Organismus nimmt beginnend mit der Konzeption im Uterus unaufhörlich Reize aus seiner Umgebung auf (optische, akustische, thermische, osmische, kutane und schließlich auch psychische Reize). Alle Reize werden im neuronalen System gespeichert. Beim Erwachsenen sind es Millionen und Abermillionen Engramme. In ethischen Entscheidungssituationen, aber auch bei banalen Alltagsaktivitäten (s. den Einkauf von Frau Müller im Supermarkt) kommt aus dem Engrammspeicher der Impuls für die Entscheidung: Wie habe ich mich früher in einer vergleichbaren Situation verhalten und welche Vorteile und Nachteile hatte diese Entscheidung für mich? Aber nicht nur sozial schwerwiegende Entscheidungen (Stehlen oder nicht Stehlen) werden vom Inhalt des Engrammspeichers determiniert. Auch banale Alltagsentscheidungen sind mnestisch bestimmt. Ob ich Ananas oder Erdbeeren kaufe, hängt von früheren Erfahrungen ab. Daher sind auch solche Entscheidungen objektiv nicht das Ergebnis eines freien Willensbildungsprozesses, sondern von Engrammen determiniert. Ob die Engramme nur in den Neuronen gespeichert werden oder der gesamte Organismus an der Speicherung beteiligt ist, ist wissenschaftlich noch nicht abschließend geklärt. Die Neurobiologen und Neuropsychologen plädieren für die Neuronen-Theorie, d.h. für die Lokalisation der Engramme im neuronalen System. Eine besondere Rolle spielt die Engrammspeichertheorie für die forensische Begutachtung. Ob ein Mensch psychisch krank, psychisch abnorm oder normal[61] ist, lässt sich mit den ausgefeilten psychopathologischen Methoden der Psychiatrie hinreichend genau feststellen. Der Inhalt des Engrammspeichers, der entscheidend für die psychische Situation *ante actum* ist, ist bis heute eine *Terra incognita*. Kein Gutachter, Psychiater, Psychologe oder Psychoanalytiker kann die Inhalte bei routinemäßig vorgenommenen forensischen Untersuchungen eruieren. Die Erhebung der *Anamnese* fördert nur die Ereignisse zutage, die im Gedächtnis gespeichert sind. Das Gedächtnis thesauriert aber nur gravierende, allerdings auch subjektiv relevante, objektiv jedoch bedeutungslose Erlebnisse. In der *Mneme* werden jedoch alle Stimuli gespeichert, die auf das Individuum nach der Geburt eingewirkt haben, also nicht nur die persönlichkeitsrelevanten Erlebnisse, an die man sich leicht erinnert. Die forensische Begutachtung ist eine formale Operation, die grob vereinfachend nur die Frage beantwortet, ob ein Täter strafrechtlich verantwortlich oder unzurechnungsfähig ist (§§ 20, 21 StGB).

Zu V. Die Naturgesetze:

Die Schwerkraft (Gravitation) engt das einem Menschen physisch Mögliche rigoros ein. Selbst wenn ein Olympionike den unerschüt-

---

[61] normal = statistisch häufigste Tatsache. (Normal sind z.B. 10 Finger oder 2 Ohren.).

terlichen Willen hat, die 100 Meter-Bahn in weniger als 9 Sekunden[62] zu bewältigen, so ist das physikalisch unmöglich. Am Gravitationsgesetz und am Luftwiderstand scheitern Wunsch und Wille des Wettkämpfers.

Aus den beschriebenen 5 Kausalfaktoren ergibt sich, dass jedes Handeln Bedingungen unterworfen ist, die wir *ante actum* und *in actu* nicht ändern können. Absolut gilt das nur für die Faktoren II und V. Die Faktoren I, III und IV sind – wenn auch nur geringfügig – *ante actum* von der handelnden Person beeinflussbar.

Zu den Faktoren I und III ist Folgendes anzumerken:

Zu I. Die aktuelle psycho-somatische Befindlichkeit:
(= endogene Bedürfniskonstellation)
Die Qualität der psychischen Verfassung kann man durch Einnahme von Alkohol oder Drogen verändern. Die Hemmschwelle wird *qua* Alkohol gesenkt oder aufgehoben. Antriebsmangel kann durch psychoaktive Substanzen (Koffein, Pervitin u.a.m.) positiv beeinflusst werden. Der Entschluss, Drogen zur Beseitigung dysphorischer Zustände zu benutzen, beruht allerdings nicht auf einem freisteigenden Gedanken. Der Gedanke: Jetzt nehme ich Pervitin ein, um meine Lahmheit zu überwinden, beruht entweder auf eigenen früheren Erfahrungen mit Psychodrogen, auf Mitteilungen von Kollegen oder auf der Kenntnis der pharmako-psychologischen Literatur.

Zu III. Die Engrammspeicherfunktion:
Im Engrammspeicher sind <u>alle</u> Reize thesauriert, die vom Organismus nach der Geburt aufgenommen wurden. Im Gedächtnis werden nur persönlichkeitsrelevante Fakten gespeichert, die – solange keine mnestischen Störungen vorliegen, wie sie oft im Alter vorkommen – beliebig re-

---

[62] Der Weltrekord liegt zurzeit bei 9,77 Sekunden.

produziert werden können. Die Millionen und Abermillionen in der *Mneme* gespeicherte Engramme stehen der Person jedoch nicht zur freien Verfügung. Engramme können nicht – wie Erinnerungen – beliebig ins Bewusstsein gerufen werden. Sie sind Bestandteil des Organismus und ebenso autonom wie Leber, Milz oder Nieren, Organe, deren Funktion wir – willentlich – nicht beeinflussen können. Die Funktion des Engrammspeichers ist ebenso autonom und vom Willen unabhängig wie die Funktion der inneren Organe. Qualität und Quantität des Engrammspeicherinhaltes sind jedoch, vom Gefühl der Willensfreiheit begleitet, geringfügig zu verändern. Aktivitäten dieser Art setzen allerdings die Kenntnis von Existenz und Funktion des Engrammspeichers voraus. Nur wenn ich weiß, dass ich einen Engrammspeicher in mir trage, kann ich ihn mit positiven Engrammen füllen. Literatur, Kunst, Musik, religiöse Texte, liturgische Feiern, Kontakte mit starken Persönlichkeiten, das Erlebnis von Liebe und Anerkennung, die Freude an der Schönheit der Natur sind Sinneseindrücke, die als positive *Stimuli* gespeichert werden.

Der aus Israel stammende Dirigent Daniel Barenboim hat 1995 in Weimar ein Orchester gegründet, dem jüdische und arabische Künstler angehören. Bei den ersten Proben herrschte zunächst eine gespannte, ja feindselige Stimmung im Orchester. Am 2. Probentag war die Atmosphäre deutlich lockerer und am 3. Tag gemeinsamer Proben stellte der Dirigent fest: Das Orchester ist ein Herz und eine Seele! Sollten die Präventionsstrategen aus solchen Erfahrungen nicht die Konsequenz ziehen, die Engrammspeicher der Menschen mit positiven Engrammen (Kunst!) zu füllen? Das aggressive Kreischen enthemmter Pop-Stars häuft so viel negatives Material im Engrammspeicher an, dass positive *Stimuli* in kritischen Entscheidungssituationen nicht zur Verfügung stehen. Der negative Inhalt, die Summe aller negativen Erlebnisse, kann aggressive Antriebe sogar noch verstärken.

Für eine präventive Kriminalpolitik ist daher Bildung eine der wenigen Möglichkeiten, das Sozialverhalten von Kindern und junger Menschen positiv zu beeinflussen. Die Begegnung mit der Kunst, besonders mit der Musik, vermehrt die Summe der positiven Engramme. Aus gespeichertem positiven Material kommen in kritischen Entscheidungssituationen wie bei Frau Müller im Supermarkt ‚Stehlen'- oder ‚nicht Stehlen'-Impulse, die den Stehlakt verhindern können.

Wer als Kind oder Jugendlicher täglich stundenlang Horrorfilme oder Gewaltvideos konsumiert, wird – wenn er einmal vor der Entscheidung stehen sollte ‚zustechen' oder ‚nicht zustechen' – durch die Dominanz negativer Engramme in seiner Willensbildung das Böse zu tun bestärkt.

Böses wie gutes Handeln ist bei psychisch gesunden Menschen von Freiheitsgefühlen begleitet. Bei hohem affektivem Druck (z.B. Streit, Wut) oder unter Drogeneinwirkung schwindet das Gefühl, frei entscheiden und frei handeln zu können.

Durch naturwissenschaftliche Studien geprägte Menschen sehen den Willensbildungsakt und die dann folgende Realisierung des ‚Gewollten' als Resultat chemo-elektrischer Funktionen im Gehirn an.[63] Theologen und die Mehrzahl der Philosophen halten böses Handeln für eine negativ zu beurteilende – freie – Entscheidung des agierenden Menschen. *Mea culpa – mea maxima culpa* ist die Konsequenz der These, dass sich die Menschen willensfrei entscheiden zu sündigen, d.h. Böses zu planen und auszuführen.

---

[63] S. den dreifachen Bau des Gehirns. MacLean 1973, S. 14 f.

Die Mehrzahl der mit dem Strafrecht befassten Juristen bejahen Willensfreiheit und personale Verantwortungsfähigkeit („Schuldfähigkeit") von psychisch normalen Menschen. Einige Juristen haben aber Zweifel, ob der Mensch –naturwissenschaftlich gesehen – schuldfähig ist. Der Jurist Eduard Kohlrausch zerstreute die Zweifel seiner Kollegen mit dem Dictum: „Schuld ist eine staatsnotwendige Fiktion".[64]

Im Strafgesetzbuch von 1871 beruhte die Begründung für das Fehlen einer strafbaren Handlung auf der Feststellung, dass sich der Täter zur Zeit der Begehung der Handlung in einem Zustand von Bewusstlosigkeit oder krankhafter Störung der Geistestätigkeit befand, durch welche seine freie Willensbestimmung ausgeschlossen war. 1934 wurde der Begriff ‚freie Willensbestimmung' im Gesetz mit der Begründung gestrichen, die Willensfreiheit sei ein ungelöstes philosophisches Problem und gehöre nicht in die Kodifizierung strafrechtlicher Normen.

Im II. Strafrechtsänderungsgesetz vom 1. Januar 1971 wird der Begriff ‚strafrechtliche Verantwortlichkeit' durch den Begriff ‚Schuldfähigkeit' ersetzt. Würde in einem späteren Jahrhundert das Schuldprinzip aus dem Strafrecht eliminiert – so wie es 1934 mit der ‚freien Willensbestimmung' geschah – dann gäbe es als Alternative ein ‚Normatives Maßnahmenrecht'.[65] Im Maßnahmenrecht orientieren sich die Rechtsfolgen einer Straftat an der Schwere des Deliktes und an der Gefährlichkeit des Täters für die Allgemeinheit. Der forensisch-psychiatrische Gutachter im Strafverfahren hat dann nicht nur die Frage der ‚Schuldfähigkeit' aus empirischer Sicht zu beantworten, er muss auch eine kriminologische Prognose abgeben. Prognosegutachten sind methodisch gesehen

[64] Das Zitat stammt von dem Berliner Strafrechtslehrer E. Kohlrausch.

[65] Schuldstrafrecht oder Normatives Maßnahmenrecht. Heft 1 der Schriftenreihe des Instituts für Konfliktforschung. Köln. 1977 (Autoren: W. de Boor, D. Lang-Hinrichsen, D. Lohmann).

sehr schwierig. Kein Mensch kann mit Sicherheit voraussagen, wie sich eine Person künftig verhalten wird. Wissenschaftlich absolut sichere Methoden für die Erstattung von Prognosegutachten gibt es noch nicht.[66]

Ich habe in meiner forensischen Tätigkeit nur ein einziges Mal dem Gericht eine fast absolut sichere Prognose vortragen können: Auf dem Vorplatz zum Kölner Dom bettelte seit Jahren die alte Emma V. Bestrafungen (auch Haftstrafen) haben an ihrem Verhalten nichts geändert. Nach jeder Verhandlung begab sich Emma V. spornstreichs zum Dom und bat um milde Gaben. Dass sich Emma auch nach der Sitzung des Gerichtes, an der ich als Gutachter teilgenommen hatte – es erfolgte eine Freiheitsstrafe, die zur Bewährung ausgesetzt wurde – sofort wieder an ihren Standplatz am Dom begeben würde, war so sicher wie das Amen in der Kirche. Nur ein Wunder hätte ihr Verhalten – ihr nahezu absolut determiniertes Betteln – ändern können. Wunder gibt es aber, wie ich in den ‚Reflexionen'[67] überzeugend begründet habe, in unserem *Saeculum* nicht.

Anmerkungen:
Martin Luther[68] hat zwei Abhandlungen über die Willensfreiheit in lateinischer Sprache geschrieben. Sie wurden nie ins Deutsche übersetzt.

Contra Liberum Arbitrium pro Gratia Dei
- Willenslehre und Christuszeugnis bei Luther und ihre Interpretation durch die neuere Lutherforschung.
- Eine systematisch-theologiegeschichtliche Untersuchung.[69]

---

[66] de Boor, W.: Die kriminologische Prognose. Köln. 2005.

[67] de Boor, W.: Reflexionen. Köln. 2007, S. 122.

[68] Martin Luther (1483-1546).

[69] Wolfgang Behnk: Theologische Dissertation. 1982.

Luther war der Auffassung, dass die Menschen nicht willensfrei sind. 1982 hat sich der Theologe Wolfgang Behnk in seiner Dissertation kritisch mit Luthers Thesen auseinandergesetzt und die Lehre der katholischen Kirche von der Willensfreiheit der Menschen verteidigt.

Wenn sich ein Nicht-Theologe in die Kontroverse gelehrter Theologen einmischt, kann das als ungehörige Anmaßung empfunden werden. Andererseits gibt es seit der Aufklärung keine Denkverbote mehr.[70] Nach meinem *Credo* hat der Schöpfer seinen Geschöpfen nicht nur das Geschenk der Willensfreiheit, sondern auch die Gabe der Vernunft auf ihren Weg durch das Leben mitgegeben. Daher fühle ich mich berechtigt, über beide Positionen nachzudenken und zu versuchen, die eigene Meinung so deutlich darzustellen, dass man sie nachvollziehen kann, auch wenn man anderer Ansicht ist.

Der Kölner Theologe Karl von Lassaulx hat mir nach der Lektüre der ‚Reflexionen'[71] einen Satz aus dem IV. Laterankonzil (1215) mitgeteilt, der bei allen Überlegungen über divine und terrestrische Fragen beherzigt werden sollte:
„*Inter creatorem et creaturam non potest tante similitudo notari, quin inter eos maior sit dissimilitudo notanda.*"[72]

Eine Ähnlichkeit zwischen dem kreativen ‚Willen' Gottes und unserem instabilen Gefühl willensfrei zu sein, gibt es nicht und kann es nie geben. Denn Transzendenz und Immanenz sind zwei absolut verschiedene Welten. Empirisch entstandene Begriffe wie das Wort ‚Wille' sollten nicht benutzt werden, um Eigenschaften

[70] Außer in Diktaturen.

[71] de Boor, W.: Reflexionen. Köln 2007.

[72] Zwischen dem Schöpfer und dem Geschöpf kann keine so große Ähnlichkeit festgestellt werden, dass nicht die Unähnlichkeit jeweils noch größer wäre.

oder Aktivitäten des ‚*Ens transcendens absolutum*'[73] zu beschreiben. Die Unähnlichkeit zwischen göttlichem Willen und menschlichem Wollen wird nur noch größer, wenn wir mit ehrfürchtigem Staunen die Schöpfung erleben und das unfassbar große Werk göttlichen Wollens mit unseren schwächlichen Willensregungen vergleichen.

Die auf 398 Seiten geführte Auseinandersetzung Behnks mit Luthers Auffassung kann hier nicht beschrieben werden. In einem Fazit will ich versuchen, die Kontroverse der Theologen zu präzisieren.

Fazit:

Nach Luthers Auffassung ist der Mensch nicht willensfrei. Sein Handeln wird durch zwei divine Entitäten determiniert:

I. Durch den Willen Gottes.

II. Durch die Gnade Gottes.

Die Lehre der katholischen Kirche postuliert, dass Gott den Menschen die Willensfreiheit geschenkt hat. Gottes Gnade wird allen Menschen zuteil, ob sie willensfrei sind, sich nur willensfrei fühlen oder ob es das Phänomen ‚Wille' als ontologische Entität nicht gibt, sondern das was wir als ‚Wille' benennen, nur ein Kondensat aus diversen Bedürfnissen unseres Organismus ist.[74]

---

[73] S. Reflexionen, S. 59 ff.

[74] Beispiel: Physische Bedürfnisse (*needs*): Ich will trinken, weil ich Durst habe – ich will zur Heiligen Messe gehen, weil ich die Nähe Gottes in der Kommunion intensiver fühle, als im banalen Alltagsleben.

VII. Kapitel

Antrieb und Hemmung ante actum

Die Hypothese, dass die Antriebe im *Archencephalon* (Urhirn) entstehen und durch kortikale Hemmungen gezügelt werden können, wird durch die jedem Menschen bekannten psychischen Vorgänge *ante actum* bekräftigt. Aggressive Antriebe müssen, bevor sie realisiert werden, die Widerstände des *Cortex* überwinden. In der Großhirnrinde entstehen die kognitiven Mechanismen, die man zusammenfassend als ethisch-moralische Urteilskraft bezeichnen kann. Ihre Dynamik ist imstande, die Verwirklichung böser Aggressivität zu verhindern. Das Ringen zwischen Antrieb und Hemmung ist kein abstraktes Denkmodell, sondern erlebbare Wirklichkeit. Fast jeder Mensch hat einmal erlebt, wie ihn in einem Supermarkt die Versuchung überkam, irgendetwas zu ‚mausen'. Bei ethisch gefestigten Personen wird die Versuchung rasch überwunden. Das spannende Duell zwischen kaptativen Antrieben und moralischen Hemmungen habe ich nicht ganz selten erlebt, wenn ich irgendwo einen unbewachten Kugelschreiber liegen sah: „Den will ich haben!" Nicht immer ist es mir gelungen das normenwidrige Begehren zu unterdrücken.

Für diese normativ wirksame psychische Instanz hat der Mainzer Psychologe A. Wellek 1955 den Begriff ‚Strukturschranke' konzipiert.[75] Wellek hatte mit Studenten experimentiert, denen im hypnotischen Zustand normenwidrige Befehle gegeben wurden. Die auch im hypobulischen Zustand aktionsfähige Instanz verhinderte bei allen Versuchsteilnehmern die Ausführung ungehöriger Befehle. Wellek schloss aus seinen Beobachtungen, dass es eine

[75] Wellek, A.: Polaritäten und Schichten im Hypnoseexperiment. Göttingen. 1956, S. 155 ff. Weitere Einzelheiten zur Strukturschranke.
de Boor, W.: Sozialer Infantilismus. 1991, S. 38 u. 40.

stabile psychische Instanz gibt, die normatives Verhalten, auch in einem Zustand mangelhafter oder fehlender Bewusstseinskontrolle, ermöglicht. Diese Instanz nannte er ‚Strukturschranke'.

In einer kriminologischen Studie über Adolf Hitler[76] habe ich den Begriff ‚Strukturschranke' benutzt, um den bei Hitler erst spät einsetzenden Verfall dieser Instanz zu beschreiben, die bei ihm in Kindheit und Jugend amoralische oder kriminelle Taten verhindert hat. Die primäre Sozialisation ist bei H. ohne erkennbare Störungen verlaufen. Im I. Weltkrieg bewährte sich der kriegsfreiwillige H. als vorbildlicher Soldat. Er wurde als Gefreiter mit dem ‚Eisernen Kreuz' I. Klasse ausgezeichnet, ein in der Deutschen Armee damals sehr seltenes Ereignis. Als Kind war H. Messdiener im Benediktiner-Stift Lambach. Er soll damals gesagt haben, dass er gerne Abt würde.[77] Seine Schulleistungen in den Jahren 1897-1900 waren ausgezeichnet. Nach 1901 setzte allerdings ein Leistungsverfall ein. Im Herbst 1905 verließ H. die Schule ohne Abschluss.

Der moralische Verfall trat erst nach der Machtübernahme am 30. Januar 1933 ein. Für viele erkennbar wurde der Schwund moralischer Hemmungen am 30. Juni 1934 (Röhm Putsch). An diesem Tag und in den ersten Tagen des Juli 1934 wurden hunderte von SA-Führern, aber auch andere missliebige Personen, ermordet. Die Reichswehr ließ die Liquidierung der Generale v. Bredow und v. Schleicher reaktionslos zu.

Die weiteren Stationen der Demontage der Strukturschranke sind allen an Zeitgeschichte interessierten Personen bekannt. Hervorzuheben sind sein Erlass vom 1. September 1939 zur Tötung von Geisteskranken und die Ergebnisse der Wannsee-Konferenz

---

[76] de Boor, W.: Hitler. 1985, S. 64 f.

[77] de Boor, W.: l. c. S. 64 f.

vom 20. Januar 1942, wo – natürlich mit Wissen und Einverständnis von Hitler – die Tötung der europäischen Juden beschlossen wurde.

Die Zerstörung der deutschen Städte in den Jahren 1942-1945 hat Hitler ohne emotionale Regungen hingenommen.

Die retrospektive Analyse des Antrieb-Hemmungsprozesses ist außerordentlich schwierig. Denn die Fähigkeit zur Beobachtung der eigenen psychischen Vorgänge (Introspektion) ist nur sehr selten ausreichend ausgebildet.

Für die Erklärung abgeschlossener ethischer Entscheidungsprozesse steht jedoch ein weiteres Konstrukt zur Verfügung: Der Engrammspeicher.[78] Nach Untersuchungen des Jenenser Zoologen Richard Semon speichert jeder Organismus alle Reize, die nach der Geburt auf den Körper einwirken.[79] Alle Engramme, die im Laufe des Lebens gespeichert wurden, wirken in Entscheidungssituationen als Determinanten mit. Im ältesten Teil des Gehirns ist die Quelle der Aggressivität zu vermuten. Aggressivität war für das Leben des Einzelnen und für die Arterhaltung notwendig (Tötung von Beutetieren, aber auch Raub und Vergewaltigung von Frauen).

Im limbischen System entstehen die Emotionen, die unser Handeln und Unterlassen begleiten. Das Zentrum für sexuelle Lustempfindungen ist im limbischen System lokalisiert.

Der *Cortex*, besonders die präfrontale Großhirnrinde ermöglicht Denken und andere kognitive Leistungen.
Als Inkarnation des Bösen wird die Tötung eines Mitmenschen

[78] Semon, R.: Die Mneme. I. Auflage 1904.

[79] Akustische, optische, sensorische, cutane, thermische und emotionale Stimuli.

bewertet (s. auch Kapitel XIV.). Fast jeder Mensch kennt homicide Antriebe. „Ich könnte ‚den' oder ‚die' umbringen!" Aggressionsgefühle dieser Art werden durch kortikale Hemmungen überwunden. Als besonders wirksam erweist sich die allerdings nur postulierte instinktive Tötungshemmungsinstanz. Die Hemmschwelle muss bei der Ausführung eines Mordes überwunden werden. Beim Serienmörder ist die Hemmschwelle nur noch rudimentär vorhanden. Der Kriminalist Harbort[80] hat 52 Fälle von Mehrfach-Tötungen analysiert und 7 Prinzipien formuliert, die immer bei Serienmördern zu finden sind. Die Biografien der Mörder lassen keine ungewöhnlich negativen Umstände in ihrem Leben erkennen. Es sind psychische, psychosoziale und sexuelle Probleme, wie sie viele Menschen haben ohne Mörder zu werden. Es muss also ein noch unbekannter Faktor X hinzukommen, um Mordimpulse zu realisieren. Den Faktor X hat Harbort bei seinen überaus gründlichen Analysen nicht gefunden. Es dürfte sich um ein Merkmal handeln, das in allen Menschen verkörpert ist, aber durch kortikale Hemmungen zurückgedrängt wird. Szondi[81] hat es als unsere ‚Kain-Natur' bezeichnet. Kain hatte Abel aus Gründen erschlagen, die heute kaum nachvollziehbar sind.

Wenn die Theorie von MacLean empirisch ausreichend begründet ist, manifestiert sich ‚Böses' dann, wenn die *archencephale* Aggressivität nicht durch kortikale und limbische Instanzen gemäßigt oder überwunden wird. Das Böse ist keine ‚Idee des Satans'[82], sondern das Ergebnis einer zerebralen Asymmetrie: Stärke des *Archencephalon* und relative Schwäche des *Cortex*. Das Böse hat biologische Ursachen und ist kein Produkt extraterrestrischer Mächte.

Das Gedächtnis hat die Folgen früherer Entscheidungen in ver-

[80] Harbort, St.: Das Serienmörder-Prinzip. Was zwingt Menschen zum Bösen. Düsseldorf. 2006.[2]

[81] Szondi, L.: Kain. Gestalten des Bösen. 1968.

[82] Hartmann, N.: Ethik. 39. Kap.

gleichbaren Situationen gespeichert. Die erlebten Geld oder Freiheitsstrafen haben – außer bei Hangtätern – einen determinierenden Einfluss auf den Entscheidungsprozess *ante actum*. Die abstrakte Drohung des Strafgesetzbuches kann allenfalls bei Juristen die Realisierung eines *Crimen* verhindern. Nahezu ohne Einfluss auf die Willensbildung sind Gebote und Verbote der Religionen. Die von den christlichen Kirchen verkündete Bestrafung im ‚Jenseits' am Tag des ‚Jüngsten Gerichtes' dürfte in unserer säkularisierten Zeit kaum noch einen potenziellen Täter von der Verwirklichung seiner bösen Absichten abhalten.[83] Vor dem Zeitalter der Aufklärung hatte die Vorstellung vom ‚Jüngsten Gericht' bei gläubigen Christen großen Einfluss auf die Psyche. Hildegard von Bingen[84] hat die fürchterlichen Folgen sündigen Verhaltens dramatisch geschildert: „Und ich erblickte ein gewaltiges Feuer, das in äußerster Glut brannte, ganz und gar durchmischt von giftigem und stinkendem Schwefel, von dem es abermals in gewaltiger Stärke brodelte, so daß es, von dieser Eingießung in Bewegung gesetzt, ein großes Geklirre von sich gab. An diesem Strafort wurden die Seelen jener gequält, die sich während ihres leiblichen Daseins der Wollust und Unzucht ergeben hatten. Wegen der Leidenschaft der Wollust wurden sie von diesem Feuer gepeinigt. Wegen der unreinen Begehrlichkeit, die in ihnen loderte, wurden sie von diesem Gift angesteckt. Und wegen ihrer immer neuen schmachvollen Handlungen wurden sie durch diesen Schwefel gestraft."

Sogar der terrestrische Schwefel[85] ist in das Bestrafungszeremoniell einbezogen worden.

---

[83] Eine kritische Auseinandersetzung mit der Institution ‚Jüngstes Gericht' findet man bei: de Boor, W.: Reflexionen. Köln 2007, S. 247 ff.

[84] Benediktinerin (1098-1174) Zitat aus: *Liber vitae meritorum*.

[85] 0,1 % der Erdrinde besteht aus Schwefel.

In 5 Jahrzehnten forensischer Begutachtungen habe ich nur ein einziges Mal erfahren, dass ein Appell an religiöse Normen eine Straftat – allerdings nur vorübergehend – verhindert hat. Ein eifersüchtiger Ehemann wollte seine treulose Frau töten. Während eines heftigen Streites bat die verängstigte Frau den Wüterich: „Lass uns doch gemeinsam ein ‚Vater unser' beten!" Der Mann legte das Beil auf den Küchentisch und beide beteten. Etwa eine Stunde später flammte der Hass erneut auf und er erschlug seine Ehefrau. Da die normative Ansprechbarkeit des Täters durch seine positive Reaktion auf die Bitte um ein gemeinsames Gebet erwiesen war, habe ich die strafrechtliche Verantwortlichkeit zur Tatzeit – etwa eine Stunde später – bejaht. Denn gravierende neue Umstände waren eine Stunde nach dem gemeinsamen Beten nicht zu erkennen.

Der Kampf zwischen aggressiven Antrieben und kortikalen Hemmungen ist ein Phänomen, das sich der wissenschaftlichen Analyse weitgehend entzieht. Grob vereinfachend kann man allenfalls Folgendes feststellen:
Bei Kriminellen sind die *archencephalen*, aus dem Urhirn stammenden Antriebe stärker als die kortikalen Hemmungen. Warum die im limbischen System lokalisierten Emotionen im Kampf der Motive (tun oder lassen) ohne erkennbaren Einfluss bleiben, ist weitgehend unbekannt. Ein Defizit an Empathie[86] darf allerdings angenommen werden. Jeder Mensch kennt den körperlichen Schmerz und weiß, wie weh schon eine Verletzung der Haut tut.

Wäre die Theorie von der Diskrepanz zwischen Stärke der *archencephalen* Antriebe und Schwäche der kortikalen und limbischen Hemmung richtig, dann wären präventive, zeitlich unbegrenzte Eingriffe in die Freiheitssphäre wissenschaftlich überzeugender zu begründen, als eine zeitlich begrenzte Freiheitsstrafe. Von Schuld kann man angesichts der biologischen Determination, eines so

[86] Empathie: Fähigkeit zum Mitfühlen der Gefühle anderer Menschen.

gearteten Individuums (*Cortex*-Zwerg – Urhirn-Riese) bei wissenschaftlicher Betrachtung nicht sprechen. Die zeitlich unbegrenzte Maßregel wäre in solchen Fällen eine adäquate Reaktion von Justiz und Gesellschaft.

Anmerkungen:
In den vergangenen Jahren hat es wiederholt kontroverse Diskussionen zum Thema Willensfreiheit gegeben. Neuropsychologen bestreiten, dass es einen freien Willen gibt. Neuronale Vorgänge sollen darüber bestimmen, was ein Mensch denkt, tut oder lässt (deterministische Position). Am Freiheitsgefühl selbst zweifelt kein psychisch gesunder Mensch. Nur Zwangskranke erleben ihr Verhalten (50-mal kontrollieren, ob der Herd ausgeschaltet ist) als unfrei, d.h. einer frei getroffenen Entscheidung entzogen.

Die Diskussion mancher Neurobiologen, Philosophen und Theologen betrifft nach meiner Auffassung ein Scheinproblem. Der ‚Wille' ist ein abstraktes Konstrukt und keine ontologische Entität. Über etwas, was nicht existiert, kann man zwar trefflich streiten, aber der Streit bleibt ohne Ergebnis. Es ist sinnlos, über ein real nicht existierendes Phänomen zu streiten.

In banalen, besonders aber in gravierenden Entscheidungssituationen hat der Mensch subjektiv das Gefühl, seine Entscheidung frei fällen zu können. In Wirklichkeit wird der Entscheidungsprozess aber durch folgende Determinanten bestimmt:

I. Die genetisch bedingte physische Konstellation.
II. Die Naturgesetze,
III. Die konkrete Umwelt (Milieu, Kultur),
IV. Der Engrammspeicher (Richard Semon),
V. Die aktuelle Bedürfniskonstellation.

Zu I.:
Mann und Frau sind genetisch unterschiedlich determiniert.[87] Eine Frau kann nicht zeugen, ein Mann kann nicht gebären.

Zu II.:
Die Naturgesetze bestimmen die motorischen Leistungen. Niemand kann 100 Meter in 8 Sekunden laufen oder 2,80 Meter hoch springen (Gravitationsgesetz).

Zu III.:
Die konkrete Umwelt wirkt am jeweiligen Entscheidungsprozess mit. Ein simples Beispiel: Wenn nur Mineralwasser oder Bier vorhanden sind, kann ich meinen Durst nicht mit Champagner stillen.

Zu IV.:
Alle während des Lebens gespeicherten Sinneseindrücke wirken in einer konkreten Situation determinierend mit.

Zu V.:
Die aktuelle Bedürfniskonstellation:

1. Physiologische Bedürfnisse (Hunger, Durst, Müdigkeit, sexuelle Erregung),
2. ökonomische Bedürfnisse (Kleidung, Wohnung, etc.),
3. spirituelle Bedürfnisse (Studien, Kunst, Literatur, Fremdsprachen, etc.).

Ergänzende Ausführungen zum Thema Willensfreiheit oder Determinismus sind im VI. Kapitel nachzulesen.

---

[87] Das Problem der Epigenetik kann hier nicht behandelt werden.

VIII. Kapitel

Die Multiplizierung des Bösen durch die Technik

In grauer Vorzeit gingen die Männer mit Steinen, später mit Pfeil und Bogen, dann mit Lanzen und Schwertern aufeinander los um zu töten. Eine neue Ära begann mit der Erfindung des Schießpulvers im I. Jahrhundert nach Christi Geburt.[88] In England gilt der Franziskaner Roger Bacon (um 1220) als Erfinder des Schwarzpulvers. In Deutschland soll der Zisterziensermönch Berthold Schwarz, der wegen seiner alchimistischen Kenntnisse berühmt war, um 1380 das Pulver erfunden haben.

Die waffentechnische Entwicklung machte im 19 Jahrhundert große Fortschritte. Mit der ‚Dicken Berta' (Fa. Krupp) wurde im I. Weltkrieg aus 9 km Entfernung Paris beschossen.

Die Entwicklung der Atombombe durch amerikanische Physiker und ihr erster Einsatz im August 1945 in Japan führten zur Kapitulation der japanischen Streitkräfte. In Hiroshima und Nagasaki starben über 100.000 Menschen bei der Explosion der Bomben. Viele erlitten tödliche Strahlenschäden. Der Fortschritt der Technik hat die Multiplizierung des Bösen bewirkt.

Auch die Zerstörung der Städte in England und Deutschland im II. Weltkrieg beweist die These von der Multiplizierung der Kapazität, Böses zu tun. Die biologische Aggressivität der Menschen erfuhr durch die Technik eine geradezu gigantische Verstärkung.

Besorgniserregend ist der unkontrollierte Verkauf von Schuss-

---

[88] Brockhaus. X. Band. 1956, S. 362.

waffen, auch an Jugendliche. Jeder, der eine Waffe haben will, bekommt sie legal oder aus dunklen Quellen.
Heimtückisch und extrem bösartig war die Verwendung von Giftgas im I. Weltkrieg. Mit der Ermordung von Millionen unschuldiger Menschen in den Gaskammern des Ostens (Holocaust) hat die technische Entwicklung einen – vorläufigen – Höhepunkt erreicht. Nur die sogenannte Neutronenbombe könnte noch schlimmere Verwüstungen auf der Erde bewirken. Intellekt (*Cortex*) und Aggressivität (*Archencephalon*) des Menschen haben sich zu einem Bündnis vereint, das für die Zukunft Schlimmes befürchten lässt, es sei denn, die Vernunft (*Cortex*) erweist sich als die stärkere Determinante im Wettstreit zwischen destruktiven Antrieben und Vernunft.

IX. Kapitel

Anlage und Umwelt

Die *Dichotomie*[89] ‚Gut' – ‚Böse' betrifft nur kulturelle Phänomene. Die biologischen Gesetze der Vererbung gelten nicht für den Bereich ethischer Qualitäten. Im Beginn der kriminologischen Forschung hatte Lombroso[90] die Theorie vom ‚geborenen Verbrecher' verkündet. Heute nimmt niemand mehr an, dass es einen angeborenen Hang zum Verbrechen gibt. Auch die Theorie einiger Theologen, dass das Schicksal des Menschen von Anfang an, im Grunde sogar schon vor Empfängnis und Geburt vorherbestimmt ist, wird nur noch von orthodoxen Dogmatikern vertreten. Die Prädestinationslehre des Kirchenvaters Augustinus, nach der über Verdammung oder ewige Seligkeit schon vor der Geburt entschieden ist[91], hat im 21. Jahrhundert nur noch religionsgeschichtliche Bedeutung.

Auch der Begriff ‚Vorsehung' wird nur selten und mit Skepsis benutzt. Es kann keine Vorsehung für 6,5 Milliarden Menschen geben, die zurzeit die Erde bevölkern.[92] Genetisch bedingt sind nur Intelligenz und ihre Ko-Determinanten, z.B. die mnestischen Funktionen. Ob ein Mensch als Clochard in der Gosse verkommt oder mit einem Nobelpreis ausgezeichnet wird, hängt nicht von der Umwelt ab, in die er geboren wurde, sondern von seinen ge-

---

[89] *Dichotomie*: Die Gliederung eines Begriffes in zwei absolut verschiedene Bstandteile. Beispiel: Sterblich-unsterblich.

[90] Cesare Lombroso (1816-1909): Der geborene Verbrecher. Turin. 1876.

[91] Von wem entschieden?

[92] Ein begeisterter Anhänger der Vorsehungsideologie war Adolf Hitler. Seine Errettung aus zahlreichen Attentaten, zuletzt am 20. Juli 1944, führte er auf das Wirken der Vorsehung zurück.

netischen Anlagen. Der Akzent der Forschung nach den Ursachen individuellen Verhaltens liegt zurzeit auf dem Studium der Bedingungen, unter denen er geboren wurde und aufgewachsen ist (Milieu).

Ob ein Kind in den *Slums* von Kalkutta, in Manhattan oder in Köln-Marienburg, dem Nobelviertel unserer Stadt, das Licht der Welt erblickt, ist für seine Vita von elementarer Bedeutung. Schon an der Sprache zeigt sich unüberhörbar, aus welchem Milieu ein Kind kommt. Wenn die Eltern häufig Worte aus der Fäkalsphäre benutzen, nimmt ein Kind sie arglos und selbstverständlich als sprachliche Umgangsform an. Das von Gabriel de Tarde[93] zuerst beschriebene Gesetz der Nachahmung gilt jedoch nicht nur für die Sprache, sondern für alle sozialen Aktivitäten. Tarde sah in der Imitation ein ‚Soziales Elementarphänomen'.

Verwilderung und Verrohung der deutschen Sprache zeigen sich überdeutlich in vielen Sendungen des Fernsehens. Ungeniert werden Worte benutzt, die man früher höchstens leise oder mit vorgehaltener Hand ausgesprochen hat. Ein Akademiker, Historiker, Dr. phil., den ich wegen nazistischer Propaganda (u.a. Leugnung des Holocaust) zu begutachten hatte, verabschiedete sich schließlich von mir mit den Worten: „Herr Professor, wissen Sie was Sie für mich sind? Das größte Arschloch, das ich je kennengelernt habe!"[94] Offensichtlich war Dr. X über meine Einstellung zur Auschwitzlüge (§ 130, Abs. 3 StGB) enttäuscht und verärgert.

Aber nicht nur die Sprache, auch das Gesamtverhalten eines Kindes wird von den Eindrücken aus seiner engsten Umgebung, der Familie und später zunehmend von Einflüssen des Wohnviertels

---

[93] Gabriel de Tarde (1846-1904) französischer Soziologe und Kriminologe. Sein Hauptwerk: *Les Lois de l'imitation* (1890).

[94] Das Fäkalwort wurde natürlich ausgesprochen.

geprägt. Lehrer in den Elementarschulen erkennen sofort aus welchem sozialen Milieu ein Schüler kommt.

Genetische Faktoren sind invariabel. Die Milieubedingungen können durch gesellschaftliche, u.U. auch staatliche Maßnahmen verbessert werden. Ob die Unterbringung noch sehr kleiner Kinder – ab Beginn des 2. Lebensjahres – in Krippenplätzen die geeignete Methode ist, um stabile Persönlichkeiten zu formen, darf bezweifelt werden. Die in der sensiblen Prägungsphase (0 bis etwa 2 Jahre) aufgenommenen Stimuli sind nach Ansicht vieler Pädagogen, Psychoanalytiker und Kriminologen für das spätere Sozialverhalten entscheidend.[95] Je früher ein Kind lernt, dass es Grenzen für das eigene Verhalten gibt, wenn Erlaubtes und Verbotenes scharfe Konturen gewinnen, umso leichter wird es ihm im Kindergarten, in der Grundschule und später im Arbeitsleben fallen, sich den für alle geltenden Normen anzupassen. Ein sozial-ethisch intaktes Elternhaus ist jedoch keine Garantie für eine Biografie ohne folgenschwere Konflikte und Normenverstöße. Diese These wird durch die *crimina* zweier amerikanischer Jurastudenten (1923/24) aber auch durch den Fall Magnus Gäfgen (Frankfurt 2002) bewiesen.[96]

Dass auch eine miserable Kindheit nicht naturgesetzlich zur *causa* für eine gescheiterte Biografie wird, zeigen Leben und Werk des berühmten französischen Romanciers Honoré de Balzac, das Stefan Zweig[97] einfühlsam beschrieben hat. Balzac hatte eine qualvolle Kindheit erlitten. Nie hat die Mutter ihn liebevoll gestreichelt und niemals durfte der Knabe seine Mutter zärtlich berühren.

Anmerkungen:

I. Zu den führenden Autoren der Deprivationsforschung gehö-

[95] Literaturhinweise s. Anmerkung I.

[96] Einzelheiten im Kapitel XIV.

[97] Zweig, St.: Honoré de Balzac. 1946.

ren die amerikanischen Ärzte R. A. Spitz und D. W. Winnicott, sowie der englische Autor J. Bowlby.

II. J. Langmeier und Z. Matějček haben 1977 eine Zusammenstellung der Literatur über ‚Psychische Deprivation im Kindesalter' veröffentlicht. Der Untertitel lautet: „Kinder ohne Liebe". Liebe können Kinderkrippen mit ständig wechselndem Personal nicht geben. *Maternal care* ist nur in der Familie möglich. Die *Dyade* Mutter-Kind ist nur in der Beziehung der Mutter zu ihrem eigenen Kind realisierbar, Mutterliebe ist durch nichts ersetzbar.

III. Die Frage ob die 1942 entstandene epigenetische Forschung[98] neue Einsichten in die biologischen Gesetze des Sozialverhaltens bringen wird, kann noch nicht beantwortet werden.

IV. Es ist richtig, dass es der Staat durch geeignete Gesetze und Anordnungen ermöglicht, dann Kinder in Familien oder Heimen unterzubringen, wenn die leiblichen Eltern in grober Weise ihre Erziehungspflicht vernachlässigen oder die Kinder misshandeln. 450 Kinder wurden 2006 in Köln vom Jugendamt in Obhut genommen. 18.000 Meldungen über vermutete Misshandlungen gingen 2006 beim Jugendamt der Stadt Köln ein.[99] Der unbestreitbare Wertewandel (Symptome: Egozentrismus, Pleonexie, *Patchwork*familienbildung, Empathiedefizite u.s.w.) ist als eine Ursache der besorgniserregenden Häufung total verfehlter Kindererziehung anzusehen.

---

[98] Conrad H. Waddington (Biologe): *The epigenotype. Endeavou*r *1*, 18-20. 1942.

[99] Quelle: Kölner Stadtanzeiger v. 09.12.07.

X. Kapitel

a) Pädagogik

Der Begriff Pädagogik stammt aus dem Griechischen und bedeutet Knaben- oder Kinderführung. In der Antike kümmerten sich die Haussklaven um die Erziehung der Kinder.[100] Die Erziehung soll nicht nur Wissen vermitteln, sondern auch das Verständnis für Normen, Regeln und ethische Mindestforderungen fördern.

In frühchristlicher Zeit erfolgte die Erziehung nicht im Elternhaus, sondern überwiegend in den Klosterschulen. 529 n. Chr. wurde von Abt Benediktus die I. Klosterschule gegründet. 744 legte Bonifatius den Grundstein für das Kloster Fulda mit Schulbetrieb. Der Unterricht in den Klosterschulen berücksichtigte in erster Linie die Regeln des Katechismus und die Erzählungen aus der Bibel. Die Unterrichtsthematik war streng an den Fundus der Religion gebunden.

Die Entdeckung der Pädagogik als Wissenschaft erfolgte erst im Anfang des 17. Jahrhunderts. Damals entstand auch der Gedanke eine allgemeine Schulpflicht einzuführen. 1717 wurde die Schulpflicht für alle Kinder in Preußen eingeführt. 1809 gründete W. von Humboldt die Universität Berlin. Eine staatliche Prüfung wurde für alle Lehramtskandidaten Pflicht. Über die Geschichte und Prinzipien der Pädagogik informiert die 1950 von Wilhelm Flitner veröffentlichte Schrift „Handbuch der Pädagogik“.

Während früher Wissensvermittlung und Informationen über allgemeine Regeln des sozialen Verhaltens Schwerpunkte der Pädagogik waren, haben sich mit dem Auftreten der sogenannten 68er

---

[100] Brockhaus Lexikon. VIII. Bd. 1955. S. 674.

(1967/68) neue Probleme für Schule und Lehrer ergeben. Das antiautoritäre Erziehungsideal trat einen vorübergehenden Siegeszug an. Es war die Reaktion auf die starr-disziplinären Prinzipien der Erziehung im Kaiserreich (1871-1918) und während der Nazidiktatur (1933-1945).

Noch in meiner Schulzeit (1926-1935) waren Disziplin und fast ängstliche Ehrfurcht vor den Studienräten höchste Maxime. Heute müssen sich die Lehrer angestrengt bemühen, den Kindern wenigstens die Grundregeln eines gedeihlichen Zusammenlebens beizubringen. Viele Kinder kommen emotional und normativ verwahrlost in die Grundschule. Aber auch an den höheren Schulen (Realschule, Gymnasium) ist die Lage für die Pädagogen schwieriger als vor 1967/68. Durch strenge Ausleseverfahren werden die für eine höhere Schule ungeeigneten Bewerber ausgeschieden. Zivilklagen gegen solche – notwendige – Selektionen können vor Verwaltungsgerichten eingereicht werden.

In der Darstellung der Pädagogik unserer Zeit beschränke ich mich auf die Montessori-Pädagogik und auf die pädagogischen Prinzipien, die in der Internatsschule Salem praktiziert werden.

I. Montessori-Pädagogik

Die italienische Ärztin Maria Montessori (1870-1952) befasste sich als erste Autorin mit Erziehungsfragen bei gesunden Kleinkindern, aber auch bei psychisch gestörten Schülern. Das Lernen soll möglichst durch manuelle Selbsterfahrung erfolgen. Das Kind müsse lernen mit den ‚Händen zu denken'. An der Universität Rom lehrte sie als erste Professorin pädagogische Anthropologie. Nach der Montessori-Methode wird heute in vielen Ländern unterrichtet. Allein in den Vereinigten Staaten gibt es über 3.000 Montessori-Schulen. In Diktaturen

(Russland, Deutschland, Italien) wurden die Montessori-Schulen geschlossen.[101]

II. Die Internatsschule Salem

Der langjährige Schulleiter Bernhard Bueb[102] hat 2006 über seine pädagogischen Erfahrungen in Salem berichtet.

Aus dem Kapitel „Wer gerecht erziehen will, muss bereit sein zu strafen“[103] führte Bueb zur Bewältigung des an fast allen Schulen üblichen Missbrauchs von Alkohol, Drogen und Nikotin aus:

„Recht und Ordnung lassen sich in menschlichen Gemeinwesen nicht ohne Strafen aufrechterhalten. Daran zweifelt niemand. In der Welt der Pädagogik verbreitete sich jedoch seit Beginn des 20. Jahrhunderts die Auffassung, dass Erziehung ohne Strafen auskommen sollte. Strafen würden Angst erzeugen und Angst sei der Feind allen gedeihlichen Aufwachsens. Erziehung sollte daher eine Änderung des Verhaltens durch Einsicht erreichen. Daraus resultierte eine Haltung des *Laisser-faire*, die nicht ideologisch motiviert war wie die antiautoritäre Erziehung, vielmehr berief man sich auf Erkenntnisse der Tiefenpsychologie, die jedem Zwang traumatisierende Wirkungen zuschrieb. Die Verurteilung von Strafen als Erziehungsmittel fand darüber hinaus in der späten Nachkriegszeit eine breitere Zustimmung, weil die Erfahrungen des Nationalsozialismus Strafen noch stärker in Verruf gebracht hatten.“

Strafe als Mittel der Erziehung gehörte auch nach 1968 zur Pädagogik in Salem:

„Von aufgeklärten Pädagogen wurde diese Auffassung allerdings dem Zeitgeist entsprechend als rückwärts gewandte

---

101 Mario Montessori (Enkel von Maria): Erziehung zum Menschen. Fischer TB 1993.

102 Bueb, B.: Lob der Disziplin. Berlin. 2006.

103 l.c.: S. 107 ff.

Pädagogik interpretiert. Lehrer und Erzieher, die mit naiven Ideen einer Erziehung ohne Strafen nach Salem kamen, wurden durch die Praxis schnell eines Besseren belehrt."

Eingehend befasste sich Bueb mit dem Problem den Kindern zu erklären, was ‚Gerechtigkeit' beim Strafen ist. Die Schüler müssen wissen, welche Konsequenzen eintreten, wenn sie eine Regel übertreten. Die Androhung eines Übels für jede Regelübertretung ist die Definition von Strafe.

Der Kampf gegen den Missbrauch von Drogen und Alkohol war zunächst wenig erfolgreich. Als aber neue chemische Methoden aufkamen, mit denen Drogen im Urin nachzuweisen waren, hat man sich in Salem entschlossen, tägliche Urinproben einzuführen. „Jeden Morgen wird seither ein Schüler nach einem Losverfahren bestimmt, der eine Urinprobe abzugeben hat. Wenn die Prüfung einen positiven Befund ergibt, wird der Schüler fristlos entlassen."[104] Nachdem die ersten Schüler das Internat verlassen mussten, verschwand der Missbrauch von Drogen in Salem.

Eingehend setzt sich Bueb mit dem Begriff ‚Gerechtigkeit' auseinander. Das Gefühl für Gerechtigkeit würde nur geschärft, wenn durch Erziehung und den Mut, Disziplin zu fordern, zu belohnen und zu strafen, die Schüler immer wieder darüber nachdenken müssen, was ‚gerecht' ist.

Zur Schärfung des Gefühls für Gerechtigkeit wurde in Salem ein kleiner Gerichtshof gebildet. Ihm gehörten die Schulleitung, der zuständige Erzieher und der Klassenlehrer an. Die Schüler waren mit zwei Vertretern beteiligt. Konkrete Vorkommnisse wurden von diesem Gerichtshof untersucht und

---

[104] l.c.: S. 110.

entsprechend bestraft. Die jeweilige Sanktion wurde gemeinsam beschlossen, auch die Schülervertreter mussten zustimmen.[105] Die schlimmste Strafe war die Entlassung aus Salem, eine Strafe, die von den Betroffenen durchaus als Schande empfunden wurde. Der Begriff der Gerechtigkeit wurde den Beteiligten durch dieses Verfahren näher gebracht, als langatmige Ausführungen der Lehrer über den Begriff ‚Gerechtigkeit'.[106]

Mit einer Bemerkung zum Thema Zeitgeist und Pädagogik möchte ich das Kapitel abschließen. Als Dozent für forensische Psychiatrie und Kriminologie war für mich die Wissensvermittlung die wichtigste Aufgabe. Pädagogische oder disziplinäre Interventionen waren nie erforderlich. Anders war die Situation an der Universität Heidelberg.

Der Kriminologe Wolfgang Engel[107] berichtet in seinen Erinnerungen über seine Antrittsvorlesung an der Universität Heidelberg im Herbst 1974:
„Überrascht wurde ich von der Universität, die mich einlud, Vorlesungen zu halten. Die Studenten hörten mir zu oder lasen Zeitung, schnalzten die Kippen auf den Boden, küssten ihre Mädchen in der ersten Reihe. Ich ließ sie gewähren. Die große Unruhe, die in Wellen über den Erdteil ging, hatte alle erfasst. Es war, als pubertiere der Weltgeist. Und überall gleichzeitig. In Deutschland und Paris. In New York, wo die Studenten die Professoren zum Fenster hinauswarfen, in Tokio, wo sie die Irrenhäuser besetzten, Kranke und Ärzte auf die Straße trieben, weil sie nicht im Sinn der Gesellschaft heilten. Und hier? Sie drohten, schmierten, marschierten, zündeten an, töteten.

---

[105] l.c.: S. 115, 116.

[106] Gerechtigkeit ist ein abstrakter Wertbegriff, der wie andere Werte als ethisches Abstraktum bezeichnet werden kann.

[107] Engel, W.: Sag niemand, wer wir sind. 1998, S. 200 ff.

Wie schon einmal, nur unter anderen Vorzeichen. Abgründige Angst. Als meine Antrittsvorlesung sich näherte, flogen Plakate dagegen: die einschüchternde Beschimpfung. Morgens stand ich bang auf der Treppe, es läutete, es war Nina. Von Hamburg, wo sie studierte, war sie extra hergefahren, zwei Pfund Tomaten in Tüten dabei. Ich fands komisch und rührend, dass sie mich verteidigen wollte (...). In zwei Stunden sollte ich die Vorlesung halten. Ich trank einige Glas Rotwein, und mein Mut war angeheizt (...). ‚Der Täter, meine Damen und Herren, wer ist das? Er steht vor den Schranken des Gerichts, bleich, geschmälert. Zieht die Schultern zusammen, wenn der Staatsanwalt wie ein reißendes Tier die Schuld in ihn treibt. Schuld, Schuld, Schuld. Doch der Verteidiger, gleißend die Worte, beweist, dass er fast nur Gutes getan hat. Und wie verhält sichs wirklich? Niemand kann etwas dafür, dass es so ist, aber dass er so ist? In diesem winzigen Spielraum schlägt der Zeiger der Schuld aus.' ‚Unschuldig! Unschuldig!' schrien die Studenten. Und ein Pulk, in der Ecke ‚Man muss den Mond ändern!' Im Takt schlugen die Hände dazu. Eine geballte Ladung Farbe traf (...). Der Hörsaal 13 brodelte. Mit Grün und Blau und Rot kamen die Farbwerfer in Fahrt. Als der erste rote Ballen mich am Pult traf, schoss Nina los. Und manchmal spritzte sie in ihr Ziel, die Studenten, die immer mehr in Wut gerieten. Worüber eigentlich? Ich hatte gezeigt, wie man Verbrecher behandeln könne, ohne nun alles von der Therapie zu erwarten. Für sie war jeder Verbrecher heilbar, jeder gleich gut, wenn man nur die Gesellschaft änderte. Die Geschosse und Schreie wurden unerträglich. Wenn ich jetzt eine Droge hätte! Ich würde sie mit Schweigen versprühen, diese offenen krakeelenden Mäuler, die in blauen parteilosen Schlaf versenken. Aber sie schrien und schrien. Mir schwamms vor den Augen. Verzweifelt suchte ich einen Ausweg. Ich schwebte die Bankreihen hinauf zum Fenster. Es war zu. Es wollte durch die Tür mit mir. Da stand breitgespreizt ein Student, keine Chance. In der vorderen Reihe sah ich Nina sitzen, wie ein Strauß Angst, mit schwarzen Blütenständen, ihren Augen drin. Und Enttäuschung. Ich fühlte es schwach, aber doch. Ich musste es deutlicher, ja direkt in den Hörsaal werfen, das mich Beflügelnde: ‚Die Welt ist alles, das, was der Fall sein könnte'. Er leitete mich bei der Gefängnisarbeit und es schien mir das Rad der großen Unruhe. Es wurde sofort niedergeschrien, hetzte die Stimmung gefährlich auf, nicht wild genug? 'Bitte, schießen Sie nicht auf den Pianisten!' tropfte ich in das Chaos, das sich immer mehr an sicht selbst berauschte. Ich ließ sie rasen. Grosse Pause (...). In der allmählichen Beruhigung entfaltete einer ein Transparent ‚Die Phantasie ist Macht!', handgeschrieben. Es sah mich still an, verlangte geradezu meine Hilfe. ‚Ich spreche für die Phantasie' schaltete ich ein. ‚Denn jedes Gesetz wird auf die Dauer phantasielos und die meisten Verbrecher machen weiter, weil sie nicht genug Phantasie haben, aufzuhören und etwas Neues zu bringen.' Seltsam, nun flaute es ab. Nina hatte keine weiche Munition mehr und den Anderen schien die Farbe ausgegangen. Ich war beschämt. Ich hatte meine Hörer nicht davon überzeugen können, dass die Behandlung von Rechtsbrechern etwas Gutes sei, aber ihre Grenzen hatten in der Auswahl und im Erfolg. Es durfte keine Grenze geben, sie waren zu jung. Und es durfte nichts ohne Beziehung zur Gesellschaft sein. Es durfte nur Freiheit geben und Losgelassenheit. (...) Ich mag, wenn blau rot und niemand der Herr ist (...). Aus den graugrünen Parkas und schicken Fellkragen war die Langeweile zu seltsam geistreichen und blasierten Gesichtern angestiegen. Wie immer, wenn ich in zu große Höhen geriet oder nur mechanisch sprach, wie jetzt, wo ich Ninas Brief gelesen hatte. Sollte ich tiefer ziehen, die Geschwindigkeit drosseln, schärfer formulieren? Da plötzlich torkelte es los von den Bänken des überhöhten Hörsaals.

Wortfelsbrocken, hart schwäbisch-ungeschlacht, die auf mich niedersausten. Ein Rotbärtiger hatte sie dazwischengeworfen. Das Auditorium brüllte (...). In den Bänken wurde es ruhiger. Alles nahm wieder Form an, sogar meine Worte. Ungestört konnte ich die Vorlesung beenden. Ein Herr von der Fakultät überreichte mir, fein zusammengerollt, das Beschimpfungsplakat zur ‚anhaltenden Erinnerung'."

Bei meiner Dozententätigkeit habe ich mich nur mit der Pädagogik des Unterrichtens, der pädagogischen Didaktik befasst. Edukative Pädagogik war an der Universität Köln nicht notwendig.

Über die Situation an manchen Schulen hat die Oberstudienrätin Cornelia Benecken berichtet. Zu den ständigen Störungen des Unterrichtes führte sie aus:
„Es werden private Briefe geschrieben, Zwischenrufe getätigt, andere Schüler werden verbal niedergemacht, Kaugummi wird gekauft, dann durch die Gegend geworfen, es wird gemalt, Papier und Stifte fliegen durch die Gegend. Zunehmend werden Lehreranweisungen einfach schlichtweg boykottiert. Beispiel: Der Lehrer ordnet die Erledigung bestimmter Übungen aus dem Englischbuch an. Reaktion eines oder mehrerer Schüler: ‚Mach ich nicht, hab ich keine Lust'. Dieser renitente Schüler stört dann den Unterricht. Ergeht alsdann die Aufforderung des Lehrers, der Schüler möge die Klasse verlassen, damit die Anderen ungestört weiterarbeiten können, ist die Antwort ein höhnisches Grinsen: ‚Mach ich nicht'. Viele Lehrer sind in dieser pädagogischen Grenzsituation überfordert, Autoritätsverlust des Lehrers ist die Konsequenz, Nachahmungseffekte bei anderen Schülern sind zwangsläufig."
Die Autorin hob besonders hervor, dass das Eigentum kaum

noch respektiert wird. Diebstähle und Zerstörung von Schuleigentum sind an der Tagesordnung.

Bei den körperlichen Auseinandersetzungen der Schüler fiel ihr die Zunahme der Brutalität auf:
„Die Brutalität nimmt zu. Plötzlich wird geboxt, geschlagen und vor allen Dingen viel getreten. Dann reicht es auch nicht mehr aus, den Anderen ‚besiegt' zu haben. Auch wenn der Mitschüler wehrlos am Boden liegt, wird auf ihn noch kräftig eingeschlagen oder eingetreten. Das wird auch noch mit Worten gerechtfertigt, man müsse den Anderen eben ‚kalt, kaputt oder fertig' machen. Oft werden solche Auseinandersetzungen nur durch die Intervention Dritter – Mitschüler oder Lehrer – beendet.
Diese Brutalität ist neu und erschreckend. Dies hat es vor Jahren an den Schulen in dieser Form noch nicht gegeben. Es drängt sich der Eindruck auf, dass Gewaltszenen, die man auf Videos, insbesondere auch in Computerspielen, gesehen hat, auf dem Schulhof oder im Klassenzimmer in die Praxis umgesetzt werden."

Interessant sind auch die Ausführungen von Frau Benecken über die verbale Verwahrlosung der Schüler:
„Beschimpfungen gehören an sich zum Schülerleben und wurden schon immer altersentsprechend vorgenommen. Jahrelang gehörten dabei zum wesentlichen Beschimpfungsvokabular ‚du bist doof', ‚du Schwein', ‚Arschloch'. Das Zauberwort aus dem Beleidigungsvokabular lautet heute: „Ficken", das in allen Variationen gebraucht wird: ‚Fick dich doch ins Knie"', ‚fick doch deine Mutter, deinen Bruder'. Daneben kursieren Hurensohn, Hure, Schlampe, Mutter einer Hure, Wichser, alte Fotze, usw."

> In Gesprächen mit den Schülern, warum sie derartige Ausdrücke aus der Sexualsphäre so lieben, wurde ihr erklärt: Mit ‚Ficken' hat das doch gar nichts zu tun, das heißt doch nur so viel wie ‚Du bist blöd!'[108]

Fazit:
Es steht nicht gut mit Elternhaus, Schule und Gesellschaft, wenn immer noch oder schon wieder ein sozialistisch inspirierter Zeitgeist den Schwerpunkt der Erziehung aus den Familien lösen und auf staatliche Institutionen verlegen will. Bei der Erziehung in sogenannten Krippenplätzen sind die entscheidenden Voraussetzungen für eine harmonische Persönlichkeitsbildung nicht gegeben oder gefährdet. Staatliche oder kommunale Angestellte sind Funktionsträger, die ihren Dienst von 8 bis 17 Uhr gewissenhaft verrichten, aber *maternal care* oder *paternal care* nicht ersetzen können.

Ich betone, dass *maternal care* in der sensiblen Prägungsphase nicht naturgesetzmäßig zur Bildung einer stabilen Persönlichkeit führt. Die Theorie der sensiblen Prägungsphase ist kein biologisches Gesetz, sondern eine statistisch einigermaßen gesicherte Regel. Begabte Kinder können sich auch unter denkbar ungünstigen Umständen zu außergewöhnlich erfolgreichen Persönlichkeiten entwickeln. Das eindruckvollste Beispiel findet man in der Biografie des französischen Romanciers Honoré de Balzac, die Stefan Zweig[109] verfasst hat. Honoré war das erste Kind aus der Ehe seiner Eltern. Die Mutter, eine hochneurotische Person gab das Kind sofort nach der Geburt an eine Amme ab und brach nahezu jeden Kontakt zu Honoré fast vollständig ab. Das Kind wurde von der Mutter nicht geliebt und durfte die Mutter nicht liebevoll berühren. Vom 7. bis 13. Lebensjahr war der Junge in dem besonders strengen Inter-

---

[108] Cornelia Benecken in: de Boor, W.: Kinderkriminalität. Lengerich. 2002, S. 78 ff.

[109] Zweig, St.: Balzac. 2004.[14]

nat der Oratorianer in Vendôme, wo prügeln an der Tagesordnung war. Auch die Jahre in Paris bis zum Abitur waren pädagogisch für die künstlerische Entwicklung des jungen Balzac wenig förderlich. Trotz aller Unbilden und Defizite in der Erziehung wurde Balzac der größte Literat Frankreichs im 19. Jahrhundert.

Die Theorie der ‚sensiblen Prägungsphase' als determinierender Faktor für die Persönlichkeitsbildung wird jedoch von einigen Autoren bezweifelt:
„Amerikanische Autoren (u.a. Kagan, MacFarlane, Myers, Vaillant) haben sich ebenso wie Hemminger kritisch zur Frage der Langzeitfolgen frühkindlicher seelischer Verletzungen geäußert. Tiefenpsychologische, zugegebenermaßen unverifizierbare Theorien werden von den Autoren abgelehnt. Lerntheoretische Modelle und milieuorientierte Denkansätze sind die Leitprinzipien einer Sozialisationsforschung, die nur das sinnlich Wahrnehmbare als Objekt wissenschaftlicher Studien anerkennt.
Negative Erfahrungen (psychische Traumata) in der sensiblen Phase sollen keine negativen, später kausal auf Traumata rückführenden Folgen haben. Prägbar seien nur biologisch positive Verhaltensweisen (Mutterbindung, Nestfindung, Orientierung für die spätere Partnerwahl). Angst, Schmerz, Deprivationserfahrungen und andere seelische Traumata sollen – so die Autoren – keinen ungünstigen Einfluss auf die Persönlichkeitsbildung haben. Hemmingers Ansichten sind mit unserer Auffassung von der Charakterprägung in der sensiblen Phase unvereinbar. Gemeinsam ist beiden theoretischen Ansätzen nur der Verzicht auf die Analyse der genetischen Faktoren, die allerdings noch schwerer zu erforschen sind als die Einflüsse des – untersuchbaren – Milieus, in dem ein Kind aufwächst.
Soziale Empathie und Urvertrauen sind seelische Qualitäten, die nicht erlernt werden, sondern sich in einem der Forschung unzugänglichen Zusammenwirken von emotionaler Zuwendung der

primären Bezugsperson und den kreatürlichen Bedürfnissen des Säuglings entwickeln.“[110]

b) Frauen im Zwiespalt Berufstätigkeit – Das ‚Aus‘ für maternal care?

von Dr. phil. Christiane Rath

Das Thema ist nicht neu, die damit verbundenen Probleme werden immer wieder diskutiert, untersucht, mal von der finanziellen, dann wieder von der psychologischen Seite her beleuchtet, nur gelöst werden konnten sie bisher leider immer noch nicht. Dass in der Überschrift dieses Kapitels nur die Frauen genannt werden, mag altmodisch erscheinen, es spiegelt aber gemessen an den Zahlen der Männer, die ihren Beruf aufgeben und den Haushalt führen, die Realität wider.

Im Folgenden werden zunächst einige persönliche Erfahrungsberichte vorgestellt, die verschiedene Möglichkeiten individueller Lebensgestaltung illustrieren. Alle Berichte stammen von akademisch gebildeten Frauen, darunter drei Promovierte, die also in ihre Ausbildung bereits viele Jahre Zeit und Energie investiert haben, und sich dennoch ganz (I, II, III und IV) oder überwiegend (V, VI) für ihre Familie entschieden haben.

I. Dr. rer. nat. H. K., Biologin, 34 Jahre

Mein Traum war die Arbeit in Wissenschaft und Forschung. Nach dem Abitur studierte ich Agrarwissenschaft. Ich wollte Entwicklungshelferin werden, um den Hunger in der Welt zu bekämpfen. Nach dem Staatsexamen erhielt ich eine Stellung in einem biotech-

---

[110] de Boor, W.: Kinderkriminalität. Chancen einer grundlegenden Prävention. Lengerich. 2002, S. 144, 115.

nologischen Unternehmen. Dort lernte ich meinen Mann kennen. Nun wurde alles anders, Unser erstes Kind kündigte sich an. Kind und Karriere, das ist doch alles nur eine Frage der Organisation dachte ich damals. Wir nehmen uns eine Kinderfrau und gucken zwischen zwei Dienstreisen mal auf einen Sprung nach den Kindern.

Mit fortschreitender Schwangerschaft machte ich unerwartete Zugeständnisse an die klassische Rollenverteilung. Der Nestbautrieb stellte sich bei mir mit Macht ein. Ich musste feststellen, dass ein Nebeneinander von Kindern und Karriere nicht möglich ist. Meine innere Stimme sagte mir, dass ich mich ganz auf meine Familie konzentrieren muss. Zusammen mit meinen 4 Kindern lernte ich neue Wege des Miteinanders kennen, In wenigen Jahren mit 4 Winzlingen hat sich das Vertrauen als Grundlage der Kommunikation gefestigt.

II. Dr. phil. R. C., 39 Jahre

Meine Motive für den Verzicht auf die akademische Karriere.

1. Der Wunsch nach einer harmonischen Familie ist bei mir stark ausgeprägt – dazu gehört die Vorstellung von Ruhe und Zeit füreinander, vor allem Zeit für die Kinder, und das verträgt sich nicht mit zwei berufstätigen Eltern, die mehr organisieren als die gemeinsame Zeit zu genießen. Meine eigene Kindheit ist so verlaufen, daher ist es wohl auch eine Form der Nachahmung. Meine Mutter war Juristin und hat auf den Beruf verzichtet.
2. Wenn beide Partner ganztags arbeiten, sind Spannungen zwischen den Eheleuten vorprogrammiert, Streitigkeiten wegen der Hausarbeit, etc. Diese Atmosphäre möchte ich heranwachsenden Kindern ersparen. Lieber versuche ich, für alle

ein Zuhause zu schaffen, in das man gerne kommt und wo eine nicht überforderte Mutter die Sorgen der Anderen auffangen kann.

3. Meines Erachtens ist es für das Selbstwertgefühl sich entwickelnder Kinder unabdingbar, dass sich eine enge Bezugsperson für ihre Entwicklungsschritte, neue Entdeckungen, neu gewonnene Fähigkeiten bewusst interessiert. Das Lob für ein gelungenes Bild, oder bei den ersten Metern Fahrradfahren ohne Hilfe aber auch das offene Ohr bei kleinen Problemen im Kindergarten zeigen dem Kind, dass man es für wichtig hält und dies prägt seine positive Selbsteinschätzung maßgeblich. Diese intensive Zuwendung und Begleitung wären neben einer Vollzeitbeschäftigung nicht denkbar. Gleichzeitig ersetzen sie (zumindest annähernd) auch die Zufriedenheit, die die Berufstätigkeit geben kann, denn ich erachte meine Tätigkeit in Haushalt und Erziehung als sehr wichtig.

III. E. B., 32 Jahre

Schon in der zweiten Woche stellt sich Schlaflosigkeit ein, sie wird so schwer von Gewissensbissen und depressiven Verstimmungen geplagt, dass sie nach einem Monat ihre Berufstätigkeit aufgibt und zu Hause bleibt.

Als die Tochter zwei Jahre alt wird, unternimmt sie einen neuen Versuch mit einer Teilzeitbeschäftigung in einer anderen Firma. Wieder ist ihre Arbeit so erfolgreich, dass der Ressortchef sie mehr und mehr fordert. Als sie feststellt, dass ihre Familie unter ihrem Zeitdruck und der Intensität ihrer Arbeit leidet, gibt sie sie ein zweites Mal auf und wird kurze Zeit später wieder schwanger. Ein erneuter Einstieg in die Berufstätigkeit steht nicht mehr zur Diskussion, obwohl der Ehemann weit weniger karriereorientiert und auch seelisch dem Berufsleben viel weniger gewachsen zu sein scheint.

IV. C. D., 37 Jahre

Mutter von inzwischen zwei Kindern, war nicht berufstätig, als ihr erster Sohn 1994 geboren wurde. Sie hatte zuvor mehrere Studiengänge begonnen (Erdkunde, Jura, Kommunikationsforschung), aber keinen zu Ende gebracht. Nach verschiedenen Jobs hatte sie in Dortmund eine Umschulungsmaßnahme zur freien Rundfunkredakteurin abgeschlossen. Ihr Ehemann arbeitet als Schlosser in einer festen Anstellung. Obwohl ihr Kinderwunsch außergewöhnlich heftig gewesen war, nimmt sie erstaunlicherweise schon wenige Monate nach der Geburt die Suche nach einer Tagesmutter auf. Das Kind wechselt mehrmals die Betreuungspersonen, obwohl die Mutter nicht außer Haus arbeitet, und auch zu Hause kaum zu ihrer Redakteurtätigkeit kommt. Erst mit der zweiten Schwangerschaft bricht sie die Tagesmutterbetreuung ab, bleibt aber selber unzufrieden und vermisst explizit eine ‚richtige' Aufgabe und die Anerkennung durch Kollegen und Umwelt. Das erstgeborene Kind ist verhaltensauffällig (aggressiv, nervös, ungestüm).

V. Dr. phil. A. S., 41 Jahre

Als ich mein erstes Kind erwartete – ein Wunschkind – arbeitete ich an meiner Doktorarbeit und wusste, wenn ich sie nicht bis zur Geburt fertiggestellt haben würde, wäre es wohl schwierig, dies später zu tun. Also habe ich einen konsequenten Arbeitsplan aufgestellt und ihn auch eingehalten. Mein Rigorosum fand statt, als mein Kind zehn Monate alt war, zwischenzeitlich hatte ich noch, als das Kind vier Wochen alt war, eine Prüfung für Italienisch als Lehrfach an Gymnasien abgelegt, ein Flug war damit verbunden, die Bereitschaft der Großmutter, sehr schnelles Schreiben, denn das Kind wollte alle drei Stunden trinken und die Klausur sollte vier Stunden dauern...

Ich fand eine Kinderfrau, die das Kind übernahm, als ich sodann eine Produktionsdramaturgie am Theater übernahm, später dann ein halbjähriges Praktikum in einem Theaterverlag – doch diese Arbeitserfahrungen, obwohl sie mir inhaltlich entsprachen, haben zur Folge, dass ich mein Kind kaum sah. So war ich glücklich, als sich durch die Verlagsarbeit die Möglichkeit zu freien Lektoraten und Übersetzungen anbot, Arbeiten, die ich auch zu Hause leisten konnte. Ich wollte sehr gerne weiterhin mit den Gegenständen meines Interesses zu tun haben.

Ein zweites Kind kam zur Welt, ebenfalls ein Wunschkind, das leider mit vielen gesundheitlichen – und teils massiven – Problemen behaftet war. Die Anwesenheit der Mutter war nun ein Gebot, und die vom Ehepartner verordnete zweistündige Absenz (zum Zwecke der Arbeit) vom kranken Kind für die Mutter war ihre Therapie. Zu dieser Zeit lebte ein *Au-Pair*-Mann mit in unserer Familie. Inzwischen begann ich, für ein bekanntes Magazin zu schreiben, und etwas später noch über ein erstes Buch nachzudenken. Das Arbeiten zu Hause, im eigenen Arbeitszimmer, wurde normal. Mit der Geburt des dritten Kindes, des Nachzüglers, änderte sich nichts Entscheidendes. Das Prinzip, dass minimal zwei Stunden pro Tag für die eigene Arbeit der Mutter zur Verfügung stehen müssen, ist erhalten geblieben, und ich bin glücklich darüber, dass meine Familie meine Arbeit schätzt, wenngleich ich meine Art zu arbeiten nicht mit einer Vollzeitbeschäftigung vergleichen kann. Im Letzten Jahr habe ich auch diese Erfahrung einmal gemacht, mein Job war mit etlichen Reisen und Abendterminen verbunden, wieder hatte ich das Gefühl, dass die Arbeit interessant war, dass ich sie gut leisten konnte, dass ich erfolgreich war, doch dass mit diesem Gewinn auch ein Verlust einher ging – dass ich vieles nicht miterleben konnte, was die Kinder betraf und dass ich insbesondere auch das langsame Sterben meines Vaters nicht begleiten konnte. Jetzt bin ich froh, wieder ‚frei' zu arbeiten, mit all den Vor- und Nachteilen, die das hat.

VI. K. B., Oberstudienrätin, 41 Jahre

Sie möchten wissen, wie ich mich damals entschieden habe – für Beruf oder Familie!

Diese Frage kann ich so nicht beantworten, denn die Frage ist so wie sie hier gestellt ist suggestiv: „Wo ist denn das ‚und' geblieben?"

Ich habe mich eigentlich von vornherein ganz bewusst für Beruf und Familie entschieden. Eigentlich habe ich schon bei meiner Berufswahl auf dieses Ziel hingearbeitet. Der Beruf der Lehrerin schien mir dafür besonders dazu geeignet zu sein. Erstens arbeite ich gerne mit Kindern und Jugendlichen. Zweitens kann man sich beurlauben lassen oder die Wochenstundenzahl reduzieren, Drittens hat man viele Ferien, in denen man sich intensiv mit der Familie beschäftigen kann. Eigentlich ist es interessant, dass die Frage ‚Beruf oder Familie' immer Frauen gestellt wird. Haben Sie eigentlich auf einer Party oder einer Zusammenkunft anderer Art schon mal jemand gehört, der einem Mann diese Frage gestellt hat? Ich nicht! Es scheint so als wenn nur die Frauen diese Wahl hätten.

Somit sind es auch immer die Frauen, die häufig daran zweifeln, ob sie auch die richtige Wahl getroffen haben. Diese Zweifel werden häufig durch unsere lieben Mitmenschen gefördert:

- Kinder brauchen ihre Mutter zu Hause.
- Arbeitende Mütter verpassen vieles.
- Wie, du putzt deine Fenster nicht alle vier Wochen?
- Mein Mann könnte ohne sein tägliches pünktliches Essen nicht auskommen!

Ist einmal ein Korn gesät, dann fängt die Saat an zu keimen:

- Kann ich wirklich eine gute Mutter sein?
- Hat meine Familie nicht ein Recht auf einen perfekt organisierten
  Haushalt?

Ich habe in den letzten Jahren alle Selbstzweifel beseitigt. Man muss nicht die absolut perfekte Hausfrau sein. Jeder in der Familie kann nämlich etwas dazu beitragen, Mutter sein definiert sich nicht unbedingt durch 24-stündiges Zusammensein mit den Kindern, sondern durch die Qualität des Zusammenseins. Zudem wirken sich die Zufriedenheit und der Erfolg im Beruf positiv auf die ganze Familie aus.

Meine Familie ist auf jeden Fall sehr stolz auf mich und unterstützt all meine beruflichen Aktivitäten.

Zudem helfen auch Oma und Opa tatkräftig mit, die sich darüber freuen, dass ihre Tochter gerne ihrem Beruf nachgeht. Eine ‚Großfamilie' im Rücken erlaubt jegliche Wahl: Beruf und/oder Familie. Da können auch die Dummschwätzer nichts ändern: „Warum arbeitest du denn überhaupt, dein Mann verdient doch genug Geld?"

Dabei ist die Antwort mit Goethes Faust ganz einfach:
Wer es nicht erfühlt, der wird es nicht erjagen.

Betrachtet man die verschiedenen Aussagen der Frauen analytisch, ist offenkundig, dass hier mehrere Missstände miteinander konkurrieren, deren Ursprünge u.a. in der zwiegespaltenen Meinung der Gesellschaft und in ihren ungünstigen Strukturen liegen.

1. Der gesellschaftliche Aspekt

Zunächst ist es – wie unter VI. treffend formuliert – ein schwer erträglicher Zustand, dass es trotz Gleichstellungsbestrebungen und Emanzipation weiterhin nur die Frauen sind, die sich durch die Mutterschaft in diesen Zwiespalt begeben, der oft Krisensituationen im Selbstwertgefühl, in der Zweierbeziehung, aber auch im finanziellen Bereich hervorruft.

Sieht man von wenigen privilegierten Freiberuflern einmal ab, befinden sich die meisten Frauen in einer (im klassischen Drama sogenannten) ‚tragischen' weil ausweglosen Situation, denn sie können sich nur falsch entscheiden:
Wählen sie Kinderlosigkeit und Karriere, handeln sie zwar grundsätzlich ‚konsequent', wie dies häufig gefordert wird, dafür wird ihnen dann aber Erfolgssucht und emotionale Kälte unterstellt, wenn nicht sogar Verbitterung.

Bevorzugen sie ein Leben zu Hause mit Kindern und geben dafür eine eigene Erwerbstätigkeit auf, stößt dies mittlerweile allerorten auf Unverständnis und Bedauern. Gesellschaftlich werden sie zur „Nur-Hausfrau" degradiert, die Anerkennung, die der Erziehungsarbeit zwischenmenschlich gezollt wird, lässt sich treffender mit Mitleid als mit Bewunderung beschreiben, und wenn nicht wenigstens ein baldiger Wiedereinstieg in die Berufswelt geplant ist, verebben Gesprächsthemen auf gesellschaftlicher Ebene schnell. Dieses Fehlen von äußerer Anerkennung kann bei nicht ganz in sich gefestigten Menschen zu einer deutlichen Verminderung ihres Selbstwertgefühls führen, die wiederum eine Zerrissenheit in der Lebensführung verursacht und letztlich allen schadet (s. IV.).

Versucht eine Frau jedoch den Spagat zwischen Familie und Beruf, ist sie häufig überfordert und gestresst. Nur sehr selten sind alle

Begleitumstände so günstig wie in Beispiel VI. Die Angst, die Kinder zu vernachlässigen (die seltsamerweise nur von wenigen Männern im Beruf empfunden wird), erzeugt ein schlechtes Gewissen und führt zu Selbstzweifeln und Erziehungsfehlern (Verwöhnen als Wiedergutmachung), was in der Folge immer mehr negative Wirkungen verursacht.

Der Mann als Familienvater hingegen macht es immer richtig: Wenn er durch seinen Fleiß und seinen Ehrgeiz in der Lage ist, der Familie ein sorgenfreies Auskommen zu bieten, ist dies ebenso ein Grund zur Bewunderung und gesellschaftlicher Anerkennung, wie wenn er zu den wenigen ‚mutigen' Vätern gehört, die sich für ein Erziehungsjahr zu Hause entscheiden.

Diese Schieflage im gesellschaftlichen Ansehen von Männern und Frauen liefert einen wesentlichen Grund für die Entscheidung, lieber zu zweit im Beruf zu bleiben und die Kinder schon sehr früh in Krippen und Horten betreuen zu lassen.

2. Der finanzielle Aspekt

Frauen können „den von vergleichbar qualifizierten Männern in der Zeit der Babypause erarbeiteten Karriere- und Einkommensvorsprung nie mehr aufholen".[111] Dies ist in einer Zeit von immer weniger dauerhaften Paarbeziehungen besonders ernst, denn die Zahl der alleinerziehenden Mütter, die zusätzlich zu dieser Belastung auch noch große finanzielle Probleme zu bewältigen haben, ist immens.

Selbst wenn man einmal die These aufstellt, dass eine frühe Fremdbetreuung (ca. ab dem 6. Monat) in der Krippe, so sie denn liebevoll und konstant ist, dem Kind nicht schadet und den Eltern

---

[111] Stadt Revue, Köln Magazin, Nr. 2, 01.02.2001, S. 32.

nützt, sind die Strukturen in Deutschland immer noch zu schlecht und leider häufig auch die Qualität.

Die Gruppen sind zumeist zu groß, kleine Kinder sind aber erfahrungsgemäß nach wenigen Stunden in einer Gruppe bereits erschöpft[112], gestresst durch den Lärmpegel und die häufigen Konfliktsituationen mit anderen Kindern. Die große Anzahl von Reizen in Verbindung mit der fehlenden Möglichkeit, sich einmal allein zurückzuziehen, überfordert auch drei- bis vierjährige Kinder, für die ein Vormittag in einer solchen Gruppe vollkommen ausreichen würde. Dies genügt aber nicht, beiden Partnern die Berufstätigkeit zu ermöglichen, sodass die Kinder dann gezwungenermaßen länger als es für sie angenehm ist, in der Gruppe verbleiben müssen. Aggressionen und ebenfalls gestresste Erzieher sind die Eckpfeiler eines neuen Konfliktpotenzials.

Durch die Knappheit der Plätze, um die regelrechte Kämpfe ausgefochten werden müssen, bleibt den Eltern kaum eine Wahl, sie müssen ihr Kind der Einrichtung anvertrauen, die einen Platz bietet, und nicht derjenigen, die von ihren pädagogischen Zielen her denen der Eltern am ehesten entspricht. Treten Missstände auf, müssen sie in der Regel in Kauf genommen werden, denn ein Wechsel der Einrichtung bedeutet neue Probleme und eventuell Übergangszeiten, in denen gar keine Betreuung möglich ist.
Mit mehreren Kindern wird die Möglichkeit, den Alltag mit einer Teilzeitbeschäftigung zu organisieren, immer aussichtsloser. Es kommt zu regelrechten Rundreisen, um Kinder zu jeweils unterschiedlichen Uhrzeiten zu bringen und wieder abzuholen, sodass der gesamte Tagesablauf nur noch unter Zeitdruck steht. Bei Infektionskrankheiten in der Familie ist man für zwei bis drei Wochen handlungsunfähig, da die Kinder erfahrungsgemäß nachei-

112 Aus diesem Grund nehmen Waldorfkindergärten Kinder erst im Alter von vier Jahren auf.

nander erkranken, man aber an seinem Arbeitsplatz nicht so lange fehlen darf.

Die Situation ist also problematisch und die Umstrukturierungen in der Gesellschaft gehen zu langsam voran, um die Folgen der Gleichstellung von Frauen bei der Ausbildung und der Berufswahl auch weiterhin konsequent fortzuführen. Frauen zurück an den Herd? Für das gesunde und vor allem geborgene Aufwachsen von Kindern wäre es wohl zweifellos am besten, wenn sich wieder mehr Paare darauf einigen könnten, mit nur einem Gehalt, dafür aber mit mehr Zeit und weniger Hetze ihr Familienleben zu gestalten. Eine *conditio sine qua non* wäre aber ganz gewiss ein Umdenken in der ganzen Gesellschaft mit dem Ziel, die Haus- und Erziehungsarbeit sehr hoch zu achten und auch – und dies ist besonders wichtig, da unser gesamtes Bewertungssystem über pekuniäre Belohnungen geregelt wird – finanziell anzuerkennen. Statt Kindergeld und Steuererleichterungen beim Ehegattensplitting müsste ein respektables Erziehungsgehalt gezahlt werden und echte Rentenansprüche erwirkt werden können, auch wenn ein Partner länger als drei Jahre ‚nur' zu Hause bleibt. Die Jahre der Vollzeittätigkeit im Haushalt müssten ohne Einschränkung als Berufstätigkeit auf die Rentenansprüche angerechnet werden. Hinzu müsste der Wiedereinstieg in das Berufsleben auch nach 10 oder 15 Jahren spürbar erleichtert werden, z.B. durch noch mehr Möglichkeiten zur Fortbildung, Aktualisierung oder Lückenschließung. Die Qualifikationen, die man in mehreren Jahren Haushalts- und Familienmanagement erwirbt, sind nicht mit den üblichen Instrumenten messbar und werden von vielen Arbeitgebern sehr unterschätzt. Hierfür müsste deutlich geworben werden, etwa an solch prominenten Beispielen wie der Oberbürgermeisterin von Bonn, MdB Bärbel Dieckmann und ihrem Ehemann Jochen Dieckmann, die als zweifache (!) Zwillingseltern beide hoch angesehene politische Karrieren geschafft haben.

Vergleicht man einmal Kindheiten der Nachkriegszeit bis in die 70er-Jahre mit den neueren Entwicklungen unserer Zeit, kann man eine weitere Quelle des ungeheuren Drucks erahnen, der auf den Eltern lastet und sicherlich für Krisen und Probleme innerhalb der Familien mitverantwortlich gemacht werden kann.

Durch den Trend zur Laienpsychologie bringen die Buchverlage jährlich Hunderte von Handbüchern zur Erziehung, zur Gestaltung des Alltags mit Kindern, zur Bewältigung von Schlafproblemen und Trotzphasen etc. heraus. Kinderernährungs- und Kinderkochbücher, Bücher mit Tipps für kreatives Gestalten und vieles mehr ergänzen den Eindruck, dass man erst dann eine gute Mutter sein kann, wenn man eine große Anzahl dieser Bücher studiert hat. Das intuitive Handeln wird dabei mehr und mehr abgewertet.

Das Freizeit- und Förderangebot, das sicherlich eine begrüßenswerte Erscheinung ist, hat inzwischen ebenfalls häufig die paradoxe Wirkung, mehr zu schaden, als zu nutzen. Die Möglichkeiten, das Kind bereits von den ersten Lebensmonaten in Babyschwimmkursen, PEKiP- oder Krabbelgruppen mit seiner Umwelt ‚optimal' vertraut zu machen, überfordern viele Eltern, erzeugen Unsicherheit oder ein schlechtes Gewissen, weil man vielleicht aus Zeitgründen oder wegen mehreren Geschwistern nicht daran teilnimmt. Größere Kinder haben drei bis vier Termine in der Woche und verlieren darüber die wichtige Zeit des freien Spiels, des Austobens mit Freunden, der gesunden Langeweile.

Die Überfrachtung der Kinderzimmer mit unzähligen Gegenständen wird oft beklagt, da die Kinder wegen der Reizüberflutung ihre Konzentrationsfähigkeit verlören und zu den einzelnen Spielsachen keinerlei Beziehung mehr aufbauten. Dieser Kritik ist aber unbedingt auch der triviale Aspekt des Ordnungsproblems hinzuzufügen. Viele Dinge aufzuräumen bedeutet mehr Arbeit, die gerade bei kleineren Kindern noch zum großen Teil von der Mutter übernommen werden muss. Auch dies führt zu einer erhöhten Belastung, die man nicht unterschätzen sollte, zumal sich die angewachsene Zahl der Gegenstände ja nicht auf das Kinderzimmer beschränkt. Wo vor 20 Jahren ein Telefon stand, stehen heute Computer, Faxgerät, Scanner, Farbdrucker und Telefonanlage. All diese Gegenstände beanspruchen Raum, Zeit und Pflege, dies wird aber für so selbstverständlich gehalten, dass niemand bemerkt, wie kompliziert der Alltag geworden ist.

Die hier genannten Probleme zu erkennen und zu bewältigen, gleichzeitig darauf zu achten, dass der Fernsehkonsum nicht überhand nimmt, dass das Kind lernt, den mannigfaltigen Verführungen in den Supermärkten zu widerstehen, nicht zu früh viele Stunden vor dem Computer verbringt, aber auch nicht von den neuen Medien gewaltsam ferngehalten wird, und viele andere Bedrohungen wie Drogenkonsum, sexuellen Missbrauch u.a. von den Kindern fernzuhalten, dies alles sind Aufgaben, die in unserer Gesellschaft weiterhin fast ausschließlich den Frauen vorbehalten sind. Die Erziehungstätigkeit ist schwieriger geworden und wird gleichzeitig weniger anerkannt. Verhaltensauffälligkeiten, Aggressivität oder Kinderkriminalität hingegen werden in gerader Linie auf das Fehlverhalten der Erziehungsperson zurückgeführt. Um hier gegenzulenken, wäre es notwendig, auf mehreren Ebenen parallel Veränderungen herbeizuführen. Neben den oben beschriebenen finanziellen Anreizen zur Haus- und Familienarbeit könnte eine gezielte Öffentlichkeitsarbeit für eine höhere Akzeptanz dieser Tätigkeit werben. In jedem Fall aber müsste das Fach Hauswirtschaft bereits in der Grundschule beginnend durchgehend auf dem Lehrplan beider Geschlechter zu finden sein und zwar mit der Wichtigkeit, die ihm im realen Alltag zukommt. Altersgemäß aufeinander aufbauend sollte es Kochen, Wirtschaften, Ernährungswissenschaft ebenso umfassen wie Grundkenntnisse in medizinischer Notfallhilfe, Waschen, Bügeln und Nähen, aber auch Pädagogik, Psychologie und kreatives Gestalten, denn dies sind grob umrissen die Anforderungen an eine Erziehungsperson. Wenn es gelänge, bereits Schülern zu vermitteln, wie viel Verantwortung, Komplexität, Phantasie, Kreativität, aber auch emotionale Wärme und Lebensnähe in der Familientätigkeit liegen können, könnte man vielleicht erreichen, dass eine wachsende Anzahl von Menschen diesen Beruf wieder gerne und mit Stolz ausübt und nach einem 12-Stunden-Tag nicht nur zerknirscht murmelt: „Ich bin nicht berufstätig, ich bin Nur-Hausfrau/-mann."

Dies wiederum käme unbestritten einer großen Zahl von Kindern zugute, die so mancher Statistik zum Trotz unter der mangelnden Präsenz ihrer Eltern leiden, die am Nachmittag 3 bis 4 Stunden vor TV und Computern sitzen und deren vertrauensvolle Verbindung zu einem oder beiden Elternteilen irgendwann durch Resignation zerstört wird. Bei labileren Persönlichkeitsstrukturen vollzieht sich hier der erste Schritt in ein Gefühl der Haltlosigkeit, das für andere, schwer zu lenkende Einflüsse empfänglich macht.

XI. Kapitel

Die Resozialisierungsideologie Eine philanthropische Vision?

Nach dem II. Weltkrieg wurde in Deutschland alles, was aus Amerika kam mit Emphase begrüßt. Zu den Immigrationsideen gehört die Resozialisierungstheorie. Fast jeder Kriminelle – so die Theorie – könnte durch geeignete Methoden soweit gebessert werden, dass er sich, aus dem Gefängnis entlassen, den geltenden Normen dann anpassen kann, wenn er das wirklich will. Der Resozialisierungsgrundsatz hat in Deutschland den Rang eines Rechtstaatsprinzips erreicht.[113]

Die lebenslänglichen Freiheitsstrafe wurde 1982 (20. Strafrechtsänderungsgesetz) abgeschafft. Die *Ratio legis* war folgende Überlegung: Es ist sinnlos, einen Täter so lange zu resozialisieren, bis er die Haftanstalt im Sarg verlässt. (§ 57a StGB) Voraussetzung für die bedingte Entlassung von Lebenslänglichen ist das Ergebnis einer kriminologisch-psychologischen Begutachtung. Durch die Untersuchung soll festgestellt werden, ob der Täter noch für die Gesellschaft gefährlich ist. Auf die außerordentlich schwierigen methodischen Probleme habe ich 2005 in einer Studie zur ‚kriminologischen Prognose' hingewiesen.[114] Der Resozialisierungsgedanke spielt auch bei Begnadigungsverfahren eine Rolle. Der Ex-Terrorist Christian Klar wurde 2007 nicht vom Bundespräsidenten begnadigt. Eine amtliche Begründung für diese Entscheidung liegt nicht vor.

Das Resozialisationskonzept mutet human an, darf aber von erfah-

[113] BVerfGE 45, 187 u. 246.

[114] de Boor, W.: Die kriminologische Prognose. Köln. 2005 (Privatdruck).

rungswissenschaftlichen Bedenken nicht ausgenommen werden. Wenn man von der Theorie ausgeht, dass die Sozialpsyche eines Kindes schon sehr früh irreversibel geprägt ist, dann sind Zweifel berechtigt, ob Versäumnisse in der sensiblen Prägungsphase später ausgeglichen werden können. Diese skeptische Auffassung trifft nur für jugendliche Intensivtäter zu, die aus Problemfamilien stammen. Die Terroristen des Deutschen Herbstes kamen durchweg aus intakten Familien. Gudrun Ensslin war eine Pfarrerstochter.

Bei einer sachgemäßen Erziehung im Kleinkindalter wird besonders das Gefühl für seelische Vorgänge in den Mitmenschen entwickelt (Empathie), aber es bildet sich auch das sogenannte Urvertrauen, das später eine geglückte Lebensführung erleichtert. Beides, Empathie und Urvertrauen, bilden sich fast nur im engen Kontakt zur leiblichen Mutter oder zu einer zuverlässigen Person, die ständig für das neugeborene Kind da ist. Dann können Urängste, wie sie bei der Trennung von der Mutter auftreten, nicht entstehen, weil sich ein solides Urvertrauen entwickelt hat. Es leuchtet ein, dass staatliche oder kommunale Bedienstete das nicht ersetzen können, was zusammenfassend als *maternal care* bezeichnet wird.

Die Entwicklung von Empathie ist deswegen besonders wichtig, weil das Kind früh lernt, dass die Verletzung des Körpers Schmerzen bereitet. Es versteht daher, dass Angriffe auf den Körper eines anderen Menschen dem Opfer Schmerzen zufügen. Körperverletzung wird dann nicht so leicht geschehen, wie es heutzutage auf Straßen und häufig in den Schulen der Fall ist. Die Zunahme von Gewalt auf Sportplätzen und auf Schulhöfen beweist, dass es vielen Kindern an Empathie fehlt. Das häufige Mitführen von Waffen indiziert einerseits die Gewaltbereitschaft, andererseits aber auch die Angst, selbst angegriffen und verletzt zu werden.

Die Forcierung der Einrichtung von Krippenplätzen ist aus ökonomischer Sicht vertretbar. Dem Produktionsprozess werden die jungen Mütter sehr früh wieder zugeführt. Aber die Sorge für die kleinen Kinder wird letztlich weitgehend dem Staat überlassen. Das Ergebnis dieser Einstellung der Politiker, die mit den Erfahrungen der pädagogischen Wissenschaft nicht vereinbar sind, wird sich spätestens in der Kriminalstatistik der kommenden Jahre zeigen. Es ist aufschlussreich, dass in Diktaturen, wie in der UdSSR und in der untergegangenen DDR der Staat sich das Recht genommen hat, die Erziehung der Kinder so früh wie möglich selbst zu gestalten.

Einen vollständigen Überblick über die wissenschaftliche Literatur der Folgen des Verzichtes auf *maternal care* bringt die Studie von J. Langmeier und Z. Matějček ‚Psychische Deprivation im Kindesalter. Kinder ohne Liebe' (1977). Es leuchtet jedem vernünftigen Menschen ein, dass die Kinder in den Kinderkrippen gut versorgt und hygienisch korrekt behandelt werden. Das Phänomen ‚Liebe' ist jedoch anderer Natur. Sie wird dem neuen Erdenbürger in der *Dyade* Mutter-Kind geschenkt. Liebe kann nicht in Kinderkrippen käuflich erworben werden.

XII. Kapitel

Lohn und Strafe

Ärger, zuweilen sogar Entrüstung rief meine in den ‚Reflexionen'[115] eingehend begründete These hervor, dass es kein ‚Jüngstes Gericht' gibt und es daher auch keine Belohnungen oder Strafen im Jenseits geben kann. Hitler, Himmler, Heydrich, Stalin, Nol Pot, Mao, Idi Amin, Mladić und Karaćić, um nur einige Übeltäter aus dem 20. Jahrhundert zu nennen, sollen ungeschoren davon kommen? Das ist für viele ein unerträglicher Gedanke.

Aber auch meine 2. These ist für gläubige Christen unbefriedigend. Haben Menschen, die ein Gott wohlgefälliges Leben geführt haben ‚keinen Anspruch im Jenseits' belohnt zu werden? Der Satz „keine Belohnung vom himmlischen Richter" muss, wäre er richtig, alle Frommen enttäuschen, die sich in ihrer Lebensführung an den 10 Geboten orientiert und den Rat Jesu befolgt haben, der im Lukas Evangelium überliefert ist:
„Und siehe, da stand ein Schriftgelehrter auf, versuchte ihn und sprach: ‚Meister, was muss ich tun, dass ich das ewige Leben ererbe?'
Er sprach zu ihm: ‚Was steht im Gesetz geschrieben? Was liest Du?'
Er antwortete und sprach: ‚Du sollst den Herrn, deinen Gott, lieben von ganzem Herzen, von ganzer Seele, von allen Kräften und von ganzem Gemüt, und deinen Nächsten wie dich selbst.'
Er aber sprach zu ihm: ‚Du hast recht geantwortet: Tu das, so wirst du leben.'"[116]

---

[115] de Boor, W.: Reflexionen. Über das Gottesverständnis am Beginn des 21. Jahrhunderts. Köln, 2007. (Privatdruck).

[116] Lukas Ev., 10, 25 ff.

Was soll ein Benediktinermönch, der als junger Mann in den Orden eingetreten ist und sich ein Leben lang gewissenhaft nach der Regel ‚Ora et labora' verhalten hat, von meiner These ‚keine Strafen, keine Belohnungen im Jenseits' halten? Er wird beide Thesen als total falsch ablehnen. Auch Jean Vianney, der Pfarrer von Ars, Mutter Teresa, Albert Schweitzer und Dietrich Bonhoeffer, der im April 1945 den Märtyrertod erlitten hat, erhalten für ihre vorbildliche Lebensführung keine Belohnung.

Dass wir vor Gottes Richterstuhl[117] erscheinen und uns für unsere Taten und Unterlassungen verantworten müssen, ist ein Bild von nachhaltiger Tiefenwirkung auf unsere Psyche, aber eben nur ein Bild, eine Hypothese[118], die allerdings in den Dogmenkatalog fast aller Religionen aufgenommen worden ist. Die naive Unbekümmertheit mit der irdische Begriffe, wie ‚Richter', ‚Gericht', ‚Richterstuhl', in die Sphäre der Transzendenz katapultiert werden, ist für kritisch denkende Menschen unbegreiflich. Nur auf der Erde gibt es Ankläger und Richter, die ihre Urteile im Namen des Volkes verkünden.[119]

Zu den Gründen, die mich bewogen haben nicht an ein im Jenseits amtierendes ‚Jüngstes Gericht' zu glauben, gehören zwei Überlegungen:

I. Das ‚Jüngste Gericht' müsste <u>ohne</u> Angeklagte judizieren. Nach der *Logos spermatikos*-Theorie kehrt die *Anima* – das *Ens divinum* – nach dem Tod unverzüglich an ihren Ursprung in der

---

[117] Gottes Richterstuhl ist eine einprägsame Metapher, aber eben nur eine Metapher. Unsere terrestrischen Begriffe können nicht in das Himmelreich transplantiert werden.

[118] Hypothese, ein nur gedachter Bewusstseinsinhalt ohne Entsprechung in der externen Realität.

[119] Möglicherweise gibt es Staaten mit Staatsreligionen, in denen die Urteile im Namen Gottes verkündet werden.

Corona Dei[120] zurück. Das *Ens empiricum* (Leib und Psyche[121]) verwandelt sich in Materie, in *Pulvis* oder *Cinis*. Vor ein Gericht, sei es profaner oder diviner Art, können nur Personen geladen werden. Nur Personen – nicht Geister – können angeklagt, exkulpiert oder verurteilt werden. Über tote Materie zu richten ist sinnlos.

II. Typisch für die naive Einstellung vieler Menschen zu theologischen Fragen ist es zu behaupten, dass Gott, der Schöpfer vieler Universen mit Millionen und Abermillionen von Sternen[122] in seinem Gedächtnis[123] bewahrt, wann, wo und wie oft seine Geschöpfe gesündigt haben. Soll Gott Vater wirklich alles Böse, das wir hienieden tun in seinem Gedächtnis archivieren, um es am Gerichtstag den Sündern vorzuhalten? Soll Gott Vater registriert haben, dass Fritz Müller mit der verheirateten Pauline Schneider am 31. Dezember 1865 im stillen Kämmerlein Unzucht getrieben hat (6. Gebot – Du sollst nicht ehebrechen)? Soll er in seinem Mega-Gedächtnis archivieren, dass Tante Emma X-mal bei Aldi geklaut hat (7. Gebot – Du sollst nicht stehlen)?

Von dem Gedanken, das Transzendente, also jenseits aller Galaxien seiende Wesen, das *Ens transzendens absolutum* meines Gottesverständnisses mit menschlichen Eigenschaften (z.B. Gedächtnis) auszustatten, distanziere ich mich kategorisch. Wenn sich Theologen für die Archivar-Hypothese entscheiden, dann müssen sie

---

120 Zur *Corona Dei*-Theorie s.: de Boor, W.: Reflexionen, S. 166.

121 Die Psyche ist ein Epiphänomen, das Nietzsche als „dieses Etwas am Leib" bezeichnet hat. In: Nietzsche, Fr.: Also sprach Zarathustra. Die Seele dieses ‚Etwas am Leib'. GW Band III, 1980.[5]

122 Dpa-Meldung v. 24.07.03. Der australische Astronom Driver teilte mit, dass sich im Universum mehr als 70.000 Millionen Millionen Millionen Sterne befinden (= 70 Trilliarden).

123 Ratzinger, J.: Einführung in der Christentum. 2000, S. 335. Damals noch Profes sor der Theologie.

sich die Frage gefallen lassen, wie das von Hans Küng[124] in seiner Islamstudie beim Thema ‚Gericht' erwähnte Buch ‚In Gottes Hände' – Gott also eine buchführende Person – gelangt ist und wie die Millionen und Abermillionen Eintragungen in dieses Buch vorgenommen wurden. Das sind banale Fragen, aber die Banalisierung von Wesen und Funktion des uns unbekannten Gottes mithilfe terrestrischer Begriffe (Richter, Richterstuhl, Sündenregister u.a.m.) provoziert banale Fragen.

In der Studie von Küng ist über das Thema ‚divines Gericht' Folgendes zu lesen:
„Jeder Moslem hat sich vor Gott für sein Handeln zu verantworten. Im Islam gibt es keine Vermittler zwischen Mensch und Gott, keine Priester, keine Heiligen. Gott führt über die guten und bösen Taten der Menschen ein Buch, das am Gerichtstag aufgeschlagen wird. Der Inhalt des Buches wird vorgelesen." Es handelt sich um ein typisch anthropomorphes Szenario, bei dem der Ankläger und ein Verteidiger fehlen.[125] Nach meinem Gottesverständnis darf Gott die Last eines Archivars, eines auf der Erde hochgeachteten Berufes, von Menschen nicht aufgebürdet werden. Die Archivar-Hypothese ist mit der Transzendenz-Theorie unvereinbar. Gott hat die Menschen mit ihrer Sündengeneigtheit erschaffen und zur Sühne für alle Bosheiten seiner Geschöpfe seinen Sohn zur Erde entsandt, um die sündige Menschheit durch das Sohnesopfer vom Sündenmakel zu befreien. Zur Realisierung dieses divinen Zieles bedarf es keines Sünden-Katasters.

Weit vorgewagt mit anthropomorphen Mutmaßungen über Wesen und Funktion Gottes hat sich der Gründer des Opus Dei, Padre Escrivá. Er behauptet, dass sich Gott für alles ‚interessiert', was sei-

---

124 Küng, H.: Der Islam. 2006^2, S. 200.

125 Nach unserem Rechtsverständnis kann Gott nicht Ankläger und Richter in einer Person sein.

ne Geschöpfe hier unten so treiben.[126] Die wirklich großen Denker waren sich einig, dass niemand Aussagen über Gottes Wesen und Handeln machen kann.[127]

Das Prinzip Lohn – Strafe ist das Fundament jeder gesellschaftlichen Ordnung. Selbst in einer Neandertaler Familie dürften die Eltern unbotmäßiges Verhalten der kleinen Neandertaler bestraft und die braven Kinder belohnt haben. Aus der pädagogischen Urszene haben sich im Lauf der Jahrtausende feste Regeln für Strafen und Belohnen entwickelt. Man darf annehmen, dass die Gerechtigkeitsidee, das Leitprinzip für Strafen und Belohnen divinen Ursprungs ist. Denkbar ist aber auch, dass sich der Begriff ‚Gerechtigkeit' aus den banalen Abläufen des tagtäglichen Lebens langsam entwickelt hat. Belohnungen sollen zu sozial positivem Handeln motivieren, Strafen sollen negative Antriebe hemmen. Belohnungen und Strafen sind ein wichtiges Organisationsprinzip in jeder Gesellschaft. Die Übertragung terrestrischer Begriffe auf transzendentales Geschehen wird in allen Religionen praktiziert. Im Neuen Testament kommt der Begriff ‚Jüngstes Gericht' 58-mal vor. Jeder, der heute den Begriff ‚Jüngstes Gericht' benutzt, sollte sich aber im Klaren sein, dass die Transplantation des irdischen Begriffes ‚Gericht' in die divine Sphäre eine Rangerhöhung des säkularen Begriffes ‚Richter' bedeutet, die mit dem *Tremendum* und *Numinosum* Gottes unvereinbar ist.

Anmerkungen:

I.

Mit Strafen und Belohnungen hat Gott nach den Texten des Alten Testamentes mehrfach in die Geschichte der Menschheit eingegriffen.

Strafen:

[126] Escrivá, J.: Leben aus dem Gebet. *Homilie*. Gehalten am 04.04.55. Zitiert nach Steigleder: Das Opus Dei. 1983, S. 128.

[127] Weber, G.: Ich glaube – Ich zweifle. 1996, S. 65.

Die Vertreibung aus dem Paradies, Sodom und Gomorrha, die Sintflut. Es handelt sich aber um Ereignisse, die heute nicht als historisch gesicherte Tatsachen beurteilt werden.

Belohnungen:

1. Die ‚Seligen' dürfen Gott von Angesicht zu Angesicht anschauen, ein erhabenes Bild, aber realitätsfern. Denn die ‚Seligen' bestehen, sollten sie in den Himmel kommen, aus *Pulvis* oder *Cinis*. Sie haben keine Augen. Auch Gott Vater hat kein Antlitz und keine Augen. Hätte er diese physischen Eigenschaften, wäre er wie jeder gewöhnliche Mensch mit Antlitz und Augen ausgestattet, dann wäre das eine gewagte Hypothese, die mit der Transzendenztheorie unvereinbar ist.
   Die biblischen Fundstellen der Texte sind in der Anmerkung V angeführt.
2. Der arme Lazarus erhält allerdings im Himmel eine Belohnung für sein kümmerliches, aber sündenarmes Leben. Ein Engel bringt ihn in den Himmel und er ruht dort bequem in Abrahams Schoss. Auf der Erde lag Lazarus vor dem Haus eines Reichen im Dreck und die Hunde leckten seine Geschwüre. Eigentlich hat er für das passive Erdulden der Armut keine Belohnung verdient. Auch der Reiche hat für seinen Reichtum keine Strafe verdient. Der Reiche ist das Urbild des Kapitalismus und die christliche Soziallehre lehrt, dass Reichtum (Kapitalismus) keine lobenswerte Tugend ist, aber auch keine Sünde.

II.

Das Prinzip ‚Belohnen und Bestrafen' gehört zu den ethnischen Elementargedanken, die in allen Völkern, Rassen und Ethnien als kollektive Bewusstseinsinhalte nachweisbar sind. Der deutsche Ethnologe Adolf Bastian hat als erster Autor auf dies universale Phänomen aufmerksam gemacht.[128] Die Journalistin L. I. San Mar-

[128] Bastian, A.: Das Beständige in den Menschenrassen. Berlin. 1868.

tin hat in der TAZ vom 01. April 2005 das Lebenswerk des gebürtigen Bremer Forschers gewürdigt. Er starb mit 79 Jahren auf der Insel Trinidad. 1873 hat er in Berlin das I. Museum für Völkerkunde gegründet.

III.

Zu den ethnischen Elementargedanken gehört auch der Transzendenzimpuls, d.h. das unstillbare Verlangen nach Erfahrungen, die die Realität des Lebens überschreiten (Transzendenz). Alle Religionen befriedigen das immanente Bedürfnis nach Transzendenz, eine Tatsache, die für Atheisten, aber auch für Agnostiker ein Ärgernis darstellt, das sie mithilfe der Ergebnisse naturwissenschaftlicher Forschung eliminieren möchten. Aktuell ist zurzeit das Buch des Evolutionsbiologen Richard Dawkins ‚Der Gotteswahn'. Dawkins schließt sein Werk mit folgenden Worten ab:
„Ich glaube an die Menschen, und wenn Menschen ermutigt werden, selbst über alle heute verfügbaren Erkenntnisse nachzudenken, stellt sich häufig heraus, dass sie <u>nicht</u> an Gott glauben und ein erfülltes, zufriedenstellendes, ja wahrhaft <u>befreites</u> Leben führen."[129]

IV.

Das Kapitel ‚Lohn und Strafe' gehört aus folgenden Gründen zum Leitthema
‚Das Böse'. Idealiter sollten die ‚Guten' schon zu Lebzeiten für ihr Verhalten belohnt und die ‚Bösen' gerichtlich bestraft oder gesellschaftlich geächtet werden. Realiter sieht es allerdings anders aus: Viele ‚Böse'[130] leben in Hülle und Fülle von den materiellen Sorgen des Alltags verschont, während so mancher ‚Gute' in Armut und sozialer Isolierung ein kümmerliches Dasein fristet. Gerechtigkeit <u>ist ein utopisch</u>es Postulat, das nur annäherungsweise zu verwirk-

[129] Dawkins, R.: Der Gotteswahn. Berlin. 2007, S. 534.

[130] Dies gilt besonders für böses Tun im Bereich Eigentum, Korruption, Untreue, Betrug, Diebstahl.

lichen ist.
Das Bewusstsein, am untersten Ende der materiellen Bewertungsskala angesiedelt zu sein, vereitelt alle Aufsteigerimpulse und stärkt das Gefühl zu einem Schattendasein ohne Perspektive verurteilt zu sein.

V.

1. Das Schauen Gottes: Die Quelle ist im 2. Hochgebet der Eucharistiefeier zu finden, wo es heißt: „Gedenke aller unserer Brüder und Schwestern, die entschlafen sind in der Hoffnung, dass sie auferstehen. Nimm sie und alle, die in deiner Gnade aus dieser Welt geschieden sind, in dein Reich auf, wo sie dich schauen von Angesicht zu Angesicht." Der Verfasser des 2. Hochgebetes ist der römische Märtyrer Hippolyt. Es ist das älteste Hochgebet, das die römische Liturgie kennt. Er starb 235 n. Chr.
2. Die Teilnahme der Seligen am himmlischen Hochzeitsmahl, ist ausführlich beschrieben in Mt. 22,1-14 und Lk 14, 15-24.
3. Die Lazarus-Geschichte ist in Lk 16, 19-31 beschrieben.

VI.

Frau Professor Rode machte mich nach der Lektüre des Kapitels ‚Lohn und Strafe' darauf aufmerksam, dass sich aus oder nach der Engrammspeichertheorie von Richard Semon (1904) die Schule des *Behaviorismus* entwickelt hat.
„Der *Behaviorismus* ist ein wissenschaftstheoretischer Standpunkt, der zugrunde legt, dass das Verhalten von Menschen und Tieren mit den Methoden der Naturwissenschaft untersucht werden kann. Er versteht sich als eine Theorie der Wissenschaft vom Verhalten, der Verhaltenswissenschaft oder Verhaltensanalyse. Er wurde nach wichtigen Vorarbeiten durch Edward Thorndike von John B. Watson zu Beginn des 20. Jahrhunderts begründet und in den 1950er Jahren, von Burrhus Frederic Skinner gleichermaßen popularisiert

wie radikalisiert. Als Vorläufer des *Behaviorismus* können Iwan Petrowitsch Pawlow und seine Experimente zur Konditionierung von Verhalten angesehen werden. Der Begriff *Behaviorismus* ist abgeleitet vom amerikanisch-englischen Wort *behavior* = Verhalten. *Behaviorismus* ist nicht gleichzusetzen mit Klassischer oder Operanter Konditionierung, wenngleich diese Gesetze von *Behavioristen* entdeckt wurden.“[131]

[131] Wikipedia.org/*Behaviorismus*.

XIII. Kapitel

Beichte und Absolution

Absolution setzt Reue voraus. Was ist Reue? Kriminologen unterscheiden zwischen ‚Tatreue' und ‚Tatfolgenreue'. Niemand kann zweifelsfrei feststellen, ob die Reue echt oder geheuchelt ist.

Die katholische Kirche kennt außer der individuellen Beichte eine kollektive Beichte, die zu Beginn der Messe von allen Gläubigen abgelegt wird. „Wir bekennen, dass wir schuldhaft in Gedanken, Worten und Werken gesündigt haben." *Mea culpa. Mea maxima culpa!*

Die *Culpa*, die persönliche Schuld für böses Handeln war ursprünglich Domäne der Priester. Heute denken auch Juristen, Naturwissenschaftler, Psychologen und Philosophen über die Frage nach, ob es eine persönliche Schuld der Menschen gibt. *Culpa* und *Causa* sind Leitbegriffe, die bei der Bemühung die Antriebe zum Bösen und die Verwirklichung böser Gedanken zu erforschen hilfreich sind. Ich weiß, dass es unmöglich ist, die psychischen Vorgänge bei der Genese eines schweren Verbrechens restlos aufzuklären. Der Kölner Strafrechtslehrer und Kriminologe Richard Lange hat seinem Buch über das Verbrechen zutreffend den Titel gegeben: Das Rätsel Kriminalität.[132] Fremdes Seelenleben kann, wenn überhaupt nur durch Analogie mit den Vorgängen in der eigenen Psyche erkannt werden. Mordgedanken sind für Psycho-Wissenschaftler eine *terra incognita*, obwohl auch Psychiater und Psychologen in extremen Situationen den Gedanken empfunden haben dürften: Den oder die möchte ich umbringen! Aber sie tun es nicht. Schwerste Kriminalität bleibt also gemessen am eigenen Innenleben ein rät-

---

[132] Lange, R.: Das Rätsel Kriminalität. Was wissen wir vom Verbrechen? 1970.

selhaftes Phänomen. Noch rätselhafter als ein Tötungsakt ist die Tatsache, dass einige Menschen von homiciden Antrieben so beherrscht werden, dass sie mehrere Personen umbringen.[133]

Kritische Leser werden sich fragen, was haben Beichte, Reue, Absolution und Busse mit dem Thema ‚Das Böse' zu tun? Inhalt einer Beichte sind die von Poenitenten begangenen Sünden, also das von ihm verwirklichte ‚Böse', Nicht nur die verwirklichten Sünden werden gebeichtet, sondern auch Gedankensünden. Sensible Menschen leiden zuweilen unter einer virtuellen Sündenlast. Sie haben ein nicht unterdrückbares Bedürfnis, erneut zu beichten, obwohl sie nichts ‚Böses' getan haben. Die Beichtskrupulanten plagt der Gedanke, ob sie bei der Beichte wirklich alle Sünden gebeichtet haben. Der Schweizer Psychologe Gallus Jud hat über seine Erfahrungen mit Beichtskrupulanten berichtet.[134]

Am Beispiel eines Mordes will ich versuchen, die Genese dieses Verbrechens aufzuklären, ein Versuch, der über die theologische Deutung des Phänomens zu einem rationalen Verständnis des Verbrechens führen kann. Dieser Denkansatz führt über das naiv anmutende Erklärungsmodell ‚das Böse ist das Werk des Teufels' hinaus. Voraussetzung für die in früheren Jahrhunderten übliche Interpretation des Bösen war die Gewissheit, dass es den oder die Teufel gibt, die die Menschen zum Bösen verführen. In der Studie ‚Reflexionen' habe ich den Teufel als eine der tiefgründigsten Erfindungen des menschlichen Geistes bezeichnet, aber als eine Erfindung, d.h. keine real existierende Entität.[135]

Die Theologin Uta Ranke-Heinemann leitete ihre Gedanken über

[133] Harbort, St.: Das Serienmörderprinzip. Was zwingt Menschen zum Bösen? Düsseldorf. 2006.

[134] Jud, G.: Zur Psychologie der Skrupulanten. Fribourg. 1935.

[135] de Boor, W.: Reflexionen. Köln. 2007, S. 140.

das Böse mit dem Satz ein: „Der Glaube an den Teufel als den Verursacher des Bösen ist ein Aberglaube."[136]

Dass die Menschen in frühen Zeiten von der Macht des Teufels überzeugt waren, ergibt sich aus einer *Logic* im Matth. Ev., 22. Kapitel. Dort heißt es: „Es fuhr aber der Satan in Judas..., der zur Zahl der 12 Apostel gehörte." Judas Iskariot ging dann zu den Hohen Priestern und verriet Jesus.
In fast 60 Jahren forensischer Tätigkeit habe ich nie bei einer Untersuchung gehört, dass der oder ein Teufel bei Planung und Ausführung einer Straftat beteiligt war.

Eine junge Frau, die wegen Altarbrandstiftung und Hostienschändung angeklagt war, hat nicht den Teufel als Anstifter für ihre gotteslästerlichen Taten beschuldigt, sondern einen Priester, der sie wegen ihrer schäbigen Kleidung verächtlich gemustert habe, während er elegante Damen hofierte. In einer katholischen Erziehungsanstalt soll allerdings ein Priester einmal gesagt haben: Wir haben einen Teufel unter uns. Damit habe er sie gemeint.[137]

In den Begriffen *Culpa* und *Causa*[138] lässt sich der fundamentale Unterschied in der theologischen und empirischen Interpretation des Bösen zusammenfassen. *Culpa* ist ein Begriff, für den man eine Entsprechung in der realen Welt nicht findet. *Culpa* ist ein typisches Gedankending, eine *Ens rationis* im Sinne von Kant. Der Begriff Schuld ist jedoch nicht den Theologen vorbehalten. Auch Juristen denken über die Schuld eines Täters nach und begründen mit der Hypothese Schuld die Strafe. Das deutsche Strafrecht beruht auf dem Schuldprinzip. § 46 StGB (Strafzumessung) wird eingeleitet mit den Worten: Die Schuld des Täters ist Grundlage für

---

136 Ranke-Heinemann, U.: Nein und Amen. 2006^6, S. 86.

137 Ausführliche Falldarstellung in: de Boor, W.: Über motivisch unklare Delikte. 1959, S. 67 ff.

138 *Culpa* = Schuld; *Causa* = Ursache.

die Zumessung der Strafe.[139] Unter Schuld eines Täters verstehen die Juristen das Maß des Vorwurfs, der dem Täter für seine Tat zu machen ist. Vorwerfbar sind Taten nur dann, wenn sich der Täter in der Entscheidungsphase *ante actum* für das Böse entschieden hat. Das Strafrecht beruht auf dem Schuldprinzip, obwohl Schuld nur eine ‚staatsnotwendige Fiktion' ist. (E. Kohlrausch) Schuld ist also etwas, das es in der Welt der Tatsachen nicht gibt, sondern nur im Denken der Menschen.

Zum Verständnis eines Verbrechens stehen zwei Denkmodelle zur Verfügung:

I. Die Erklärung durch die Annahme extraterrestrischer oder abstrakter Kräfte
als *Causa* normenwidrigen Handelns.
II. Der wissenschaftliche Ansatz.

Zur Erklärung des Bösen werden von mir folgende Theorien benutzt:

Die Theorie des Kanadischen Neurologen Paul MacLean.[140] Der Autor beschreibt den triadischen Aufbau des Gehirns. Der Triade werden unterschiedliche Funktionen zugeordnet.

Zur anatomischen Struktur der Triade ist auszuführen:

a) Das *Archencephalon*
Der Urhirn oder Stammhirn genannte älteste Teil des Gehirns gehört zum evolutionsbiologischen Erbe, das wir mit den Säugetieren – auch den Raubtieren – gemeinsam haben.
b) Das *Mesencephalon*
Von den Neurowissenschaftlern wird dieser Teil des Gehirns als ‚limbisches System' bezeichnet.
c) Der *Cortex*. Die Großhirnrinde.

Zu a)

---

139 Tröndle, H.: Strafgesetzbuchkommentar. 48 Aufl. 1997, S. 284.

140 MacLean, P.: *A Triune concept of the brain and behaviour*. Toronto. 1973.

Im *Archencephalon* entsteht die für alle Aktivitäten erforderliche Energie ohne die Handeln, sei es ‚gut' oder ‚böse' unmöglich ist. Aggressives Tun, z. B. die Tötung von Beutetieren erfordert eine besonders große Energiequantität. Auch die Tötung eines Menschen braucht viel Energie. Gutes Tun erfordert meist weniger Energie.

Zu b)
Im *Mesencephalon*, dem limbischen System, wird der Sitz der Emotionen (Lust, Unlust, Mitgefühl, Mitleid) vermutet, die die Taten der Menschen, es sei denn es handelt sich um banale *Adiaphora*[141], mit Gefühlen begleiten.

Zu c)
Die Hirnrinde (*Cortex*) hat sich im Laufe der Evolution zu einem Organ entwickelt, in dem die kognitiven Prozesse stattfinden. Im *Cortex* entstehen gute wie böse Gedanken. Ob die jeweiligen Bewusstseinsinhalte realisiert werden oder nicht, hängt – abgesehen von der externen Situation – vom Inhalt des Engrammspeichers ab. Nach der Geburt werden alle externen Reize (*Stimuli*) gespeichert. Im Gedächtnis werden nur die Ereignisse archiviert, die bewusst wahrgenommen werden (z.B.: das Lernen von Vokabeln einer Fremdsprache).

Die Engrammtheorie wurde von dem Zoologen Richard Semon[142] entwickelt. Aus dem ununterbrochenem Eindringen von Reizen in den Organismus – Tag und Nacht, Jahr für Jahr – ergibt sich, dass der Engrammspeicher schon bei einem Heranwachsenden prall gefüllt ist. Ob die *Stimuli* zur Kumulierung ethisch negativer, ethisch positiver oder ethisch neutraler Inhalte führen, ist eine Frage, die nur beantwortet werden könnte, wenn es gelänge, den Inhalt des Engrammspeichers vollständig zu erfassen. Das ist unmöglich

141 Sie II. Kapitel dieser Studie.

142 Semon, R.: Die *Mneme*. Jena. 1904.

und wird immer unmöglich bleiben, weil es Billionen Engramme sind. Versucht man unter Einbeziehung der Engrammtheorie einen Mord – den Inbegriff des Bösen – zu erklären, ergeben sich die folgenden Überlegungen, die an einem fiktiven Fall von Mord anknüpfen.

Der im Kapitel ‚Lohn und Strafe' erwähnte Fritz Müller (38 Jahre) argwöhnt, dass ihm seine Maitresse Pauline untreu ist. Er erfährt den Namen seines Nebenbuhlers. Am Abend des 2. Januars 1866 bemerkt er, dass er daran denkt, seinen Konkurrenten zu töten. Mehrere Tage und Nächte ringt er mit dem Tötungsantrieb. Die instinktiven Tötungshemmungsmechanismen verhindern zunächst die Ausführung der Tat. Schließlich ist das hemmende limbische System erschöpft, er besorgt sich eine Waffe und schießt den ahnungslosen Nebenbuhler in den Kopf. Das Opfer ist sofort tot. *Ante actum et in actu* war nicht nur die Empathie-Quelle versiegt, sodass aus dem Empathie-Speicher keine hemmenden Impulse kamen, die Aggressivität wurde sogar durch die Emotion ‚Eifersucht' gesteigert. Unter der dreifachen Veränderung des sonst normalen Ablaufes zerebraler Funktionen kollabiert die Tötungshemmung. Es kommt zu einer Tat, die niemand dem gutbürgerlichen Fritz Müller zugetraut hat. An diesem fiktiven Fall ist zu erkennen, dass Tötungen auf Funktionsanomalien in drei zerebralen Systemen beruhen:

1. Der Bildung hoher Aggressionspotenziale im Stammhirn
2. Der Schwächung tathemmender emotionaler Einflüsse im limbischen System
3. Dem vorübergehenden Ausfall der kortikalen Steuerungsmechanismen durch massiven Zustrom negativer *Stimuli* aus dem Engrammspeicher.

Wenn diese Analyse richtig ist, die Prozesse im Gehirn also so ablaufen, wie sie beschrieben wurden, dann bedarf es nicht der Intervention des Satans, um die folgenschwere Tat (Strafe, lebenslanger Verlust der Freiheit) von Fritz Müller zu erklären. Die Kausalität ist in den Gehirnprozessen lokalisiert.

Sieht man die Genese eines Verbrechens als Folge gestörter (anormal) verlaufender Hirnfunktionen an, dann stellt sich die Schuldfrage anders als im Schuldstrafrecht üblich. Nach dem Schuldprinzip ist jeder vor dem Gesetz für sein Handeln und Unterlassen so lange verantwortlich als er vom Gericht als psychisch gesunder Mensch angesehen wird. Nur bei Vorliegen der in den §§ 20, 21 StGB kodizifierten Sachverhalte geht der Richter von Schuldunfähigkeit aus. Er bestraft den Täter nicht, sondern ordnet Maßregeln an, falls sich aus der Tat Gefahren für die Allgemeinheit ergeben. Durch die Einführung des Kausalitätsprinzips wird das Schuldprinzip so fraglich, dass der Ersatz des Schuldstrafrechtes durch ein normatives Maßnahmenrecht denkbar ist.[143]

Fazit:

I.

Extraterrestrische Wesen (Teufel) sind nicht Ursache des Bösen auf der Erde.

II.

Ursache des Bösen sind vorübergehende oder bleibende Funktionsstörungen im triadischen System des Gehirns.[144] Eine intakte Triade verhindert böses Handeln, vor bösen Gedanken schützt sie nicht.

III.

[143] Band 24 der Schriftenreihe des Instituts für Konfliktforschung. Köln. 2003.

[144] Zur triadischen Struktur des Gehirns s. S.118

Dysfunktionen[145] im limbischen System sind Ursache von Empathie-Defiziten. Die Kumulierung maligner *Stimuli* im Engrammspeicher ist keine endogene Funktionsstörung, sondern das Ergebnis negativer Umwelteinflüsse, also exogener Natur.

IV.
Für Dysfunktionen im triadischen System ist der Mensch eben so wenig verantwortlich, wie für Funktionsstörungen extrazerebraler Art (z.B. Herzmuskelschwäche, Nierenversagen, Arthritis usw.)

V.
Die Speicherung von Engrammen ist ein autonomer Prozess, auf den das Individuum, anders als bei der Selektion von Gedächtnisinhalten[146], keinen Einfluss hat.

VI.
Im engen zerebralen Korsett ist für die Denkfigur ‚Willensfreiheit' kein Platz. Das Freiheitsgefühl kann sich analog zu anderen Gefühlen ungehindert im limbischen System entwickeln. Willensfreiheit und Freiheitsgefühl sind streng zu trennende psychische Phänomene.

VII.
Beruht die Entscheidung einen bösen Gedanken zu verwirklichen auf Defiziten im triadischen System, ist der moralische Vorwurf ‚Du hast dich für das Böse entschieden, obwohl du dich hättest anders entscheiden können' auf der fehlenden Einsicht in die zerebralen Prozesse, auf denen Entscheidung und Realisierung des Entschlusses beruhen, nicht zu halten. Der Schuldvorwurf kann im Hinblick auf die zerebralen Vorgänge zum Zeitpunkt der Willensbildung und Realisierung des Gewollten nicht begründet wer-

---

[145] Hyperaktivität des *Archencephalon* und Insuffizienz der Empathiebildung im limbischen System.

[146] z. B. Erlernen einer Fremdsprache.

den. Das Schuldprinzip mit personaler Verantwortung ist jedoch für das Leben in einer Gesellschaft unverzichtbar, es ist aber, wie es der Jurist E. Kohlrausch[147] treffend formuliert hat, eine „staatsnotwendige Fiktion".

VIII.

Beichte, Reue, Absolution und Busse haben das Böse in der Welt nicht verändert. Beichte, Reue und Busse sind Phänomene der Immanenz ohne Beziehung zur Transzendenz. Ob die Absolution ein immanenter oder transzendenter Vorgang ist, vermag ich nicht zu entscheiden.

IX.

Für Jesus gilt die strikte Trennung von Immanenz und Transzendenz nicht. Denn er sagte zu Petrus:

„Ich will dir die Schlüssel des Himmelreichs geben: Alles, was du auf Erden binden wirst, soll auch im Himmel gebunden sein und alles was du auf Erden lösen wirst, soll auch im Himmel gelöst sein."[148]

Worauf sich das Binden und Lösen bezieht, lässt sich dem Text nicht entnehmen. Der Begriff ‚Schlüssel' gehört zur Immanenz und nicht in die Transzendenz.

X.

Aus dem Inhalt des Fazit ergibt sich, dass das XIII. Kapitel zum Leitthema ‚Das Böse' gehört.

---

147 Kohlrausch, E.: Der Kampf der Kriminalistenschulen im Lichte des Falles Dippold. Monatsschrift für Kriminalpsychologie und Strafrechtsreform. 1, 16-25. 1905.

148 Matth. Ev. 16,19.

XIV. Kapitel

Mörder – Inkarnation des Bösen? (Chicago 1924 und Frankfurt am Main 2002)

Das Böse ist, glaubt man den Philosophen, keine ontologische Entität, sondern ein Abstraktum. Alle uns bekannten Erscheinungsformen des Bösen[149] sind in einem Begriff zusammengefasst. Die Bandbreite des Bösen reicht vom simplen Diebstahl bis zum Mord. Mord ist juristisch das schlimmste Verbrechen, theologisch die schwerste Sünde.

Normale Menschen empfinden, wenn sie von einem Mord hören oder lesen, Abscheu, Entsetzen und tiefe Betroffenheit von der Bosheit der Menschen. Unabweisbar drängt sich aber auch die Frage auf: Wie können Menschen so grausam, eben geradezu unmenschlich handeln? Wie kann ein Mensch zum Mörder werden, den man als freundlichen Nachbarn kennt und als Mitbürger schätzte?

Auch die moralische Wertung des Verbrechens zeigt Unterschiede. Einen Mord aus Eifersucht kann man vielleicht noch so eben verstehen. Töten aus Habgier oder aus sexuellen – perversen – Antrieben, löst nur Abscheu und Verachtung aus. Wut und Empörung kulminieren, wenn ein Kind sexuell missbraucht und dann getötet wird, um den oder die Zeugin für immer zum Schweigen zu bringen.

An zwei Beispielen aus der Kriminalgeschichte will ich zeigen, wie Entführungen mit nachfolgender Ermordung der Opfer, die Öf-

---

[149] Definition des Bösen s. I. Kapitel.

fentlichkeit soweit erregt haben, dass sogar der Ruf nach der Todesstrafe auch in den Ländern laut wurde, in denen die Todesstrafe abgeschafft ist.

I. Chicago 1924

Am 21. Mai 1924 entführten zwei Jurastudenten in Chicago den 7 Jahre alten Paulie Kessler, Sohn eines Millionärs, der mit seiner Familie im gleichen Viertel wie seine Mörder wohnte. Am Tag der Entführung traf bei den Eltern eine Lösegeldforderung ein: Wenn $ 10.000 bezahlt werden, dann würde das Kind gesund nach Hause zurückkommen.

Zum Hergang der Tat:
Die fast noch jugendlichen Täter – sie hatten gerade die Zulassungsprüfung für die Harvard-Law-School bestanden – hatten das Kind auf dem Heimweg von der Schule zum Elternhaus mit dem Versprechen in ihr Auto gelockt, sie wollten ihm am Stadtrand von Chicago seltene Vögel zeigen.[150] Paulie stieg ein, wurde sofort mit Äther betäubt und die Fahrt zu einem vorher ausgekundschafteten einsamen Platz am Stadtrand begann. Während der Fahrt erhielt das Kind ein paar Schläge mit einem Meisel auf den Hinterkopf und wurde bewusstlos. Am Tatort zogen sie das bewusstlose Kind aus dem Auto. Dann legten sie ihm eine seidene Schnur um den Hals und zogen beide gemeinsam so lange, bis Paulie tot war.[151] Die Leiche wurde dann in einem Wasserabflussrohr so sorgfältig versteckt, dass nur ein kleines Stück vom Fuß herausragte. Der Körper wurde mit Salzsäure übergossen, um die Identifizierung des Toten unmöglich zu machen oder zu erschweren. Diesen Fleck sah am folgenden Morgen ein Arbeiter, der seinen Weg zur Morgenschicht zufällig etwas abseits des Hauptweges genommen hatte. An dem Rohr fiel ihm etwas ‚Helles' auf dem dunklen Hinter-

[150] Joshua Steiner war Hobby-Ornithologe.

[151] Das gemeinsame Töten war vorher vereinbart worden. Die Planung des Verbrechens erfolgte von Mitte November 1923 bis zum 21. Mai 1924.

grund der Abflussröhre auf. Er ging hin und entdeckte die Leiche, rief sofort die Polizei.

Die Entführung des Kindes hatte großes Aufsehen erregt. Die ganze Stadt war in Alarmstimmung. Grossalarm herrschte auch bei der Polizei. Die Suche nach den Tätern begann. Es wurden sofort zwei Täter angenommen, denn in dem Erpresserbrief hatte gestanden: Wir fordern $10.000 Lösegeld!

Innerhalb weniger Tage wurden beide Studenten zunächst nur als entfernt Verdächtige vermutet, zwei Tage lang von Kriminalisten und Staatsanwälten verhört. Sie bestritten, irgendetwas mit der Tat zu tun zu haben. Die Polizei hatte jedoch mehrere Beweise in den Händen:

1. Die am Tatort aufgefundene Brille von Steiner (wie sich später herausstellte)
2. Der bleibeschwerte Meisel
3. Die Schreibmaschine auf der der Erpresserbrief geschrieben wurde
4. Den zur Tat benutzten Pkw von Joshua Steiner, an dem Blutflecken festgestellt wurden.

Unter dem Druck dieser Beweislast, legten beide Beschuldigte ein Geständnis ab.

Zur Entstehung des Mordplanes erfuhr das Gericht:
Nach einem im Herbst 1923 erfolgten Einbruch in ein Studentenwohnheim, hatten sich beide geeinigt, ein schweres Verbrechen zu begehen. Es sollte die Entführung eines Kindes, die Tötung des Kindes und eine Lösegeldforderung an die Familie geben. Alles wurde auf das sorgfältigste vorbereitet, auch die Art und Weise, wie der Erpresserbrief an die Familie gelangen und wie das Geld in ihren Besitz kommen sollte.

Der Gesamtplan war, ein perfektes Verbrechen zu begehen, ohne jede Spur auf die Täter.

Zu den Motiven dieser Mordverabredung:

1. Beide wollten durch die gemeinsam geplante und gemeinsam ausgeführte Tat eine lebenslange Bindung erzeugen. Bei beiden bestand eine homoerotische bis homosexuelle Triebneigung.
2. Jos Steiner war Anhänger der Philosophie von Nietzsche. Er sah sich und später auch seinen Komplizen als ‚Übermensch' an, für den die Gesetze und Normen der übrigen Welt nicht gelten.

Zum Prozessverlauf:
Über den Prozess hat der Journalist und Hobby-Kriminalist Meyer Levin[152] in einer spannend geschriebenen Reportage berichtet. Ziel der Verteidigung war, durch eine psychiatrische Untersuchung bei beiden eine geistige Störung feststellen zu lassen, mit der Rechtsfolge ‚unzurechnungsfähig'. Der amtliche Psychiater der Staatsanwaltschaft erklärte allerdings: Beide Täter sind voll verantwortlich. Ein von der Verteidigung geladener Psychiater erklärte sie für geistesgestört und unzurechnungsfähig. Grund: Verdacht auf Schizophrenie.

Wegen der kontroverse der Gutachter, sollte Professor Sigmund Freud (Wien) als Obergutachter zugezogen werden. Freud lehnte das ab.

Die Staatsanwaltschaft beantragte für beide Angeklagte die Todesstrafe. Das Gericht verhängte für die Täter eine lebenslange Freiheitsstrafe (Plus 99 Jahre).

Zusammenfassung:

---

[152] Levin, M.: Zwang. Fischer TB. 1962.

I. Chicago

Zwei hochbegabte Studenten verabreden sich zu einem Verbrechen. Beide waren Anhänger von Nietzsches Philosophie des ‚Übermenschen', der nicht an Gesetze und Normen gebunden ist. Sie sahen das Ganze als ein Experiment an und wollten sich beweisen, dass es für ‚Übermenschen' nicht unmöglich ist, ein perfektes Verbrechen auszuführen. Das absurde Experiment musste scheitern und es ist auch gescheitert, da schwerwiegende Fehler begangen wurden.

Joshua Steiner wurde 1936 von einem Mithäftling ermordet.
Artie Strauss verbrachte 34 Jahre im Gefängnis und wurde im März 1958 – u.a. wegen vorbildlicher Führung – auf Bewährung entlassen. Er starb 1971 in Puerto Rico. Seine Autobiografie wurde 1958 in New York veröffentlicht. Der Titel: *Life plus ninety-nine years*.

Für das Wissen um die Genese auch extrem böser Taten ist die Tatsache wichtig, dass beide aus wohlhabenden und geordneten Verhältnissen stammten. Besonders in jüdischen Familien ist die Zuwendung zu den Kindern groß, sodass Defizite im limbischen System nicht entstanden sein können. Auch der Kortex muss vortrefflich funktioniert haben. Denn beide bestanden die Aufnahmeprüfung für die Harvard-Law-School. Erhebliche Energiemengen wurden auch vor der Tat vom *Archencephalon* zur Verfügung gestellt. So könnte das Geheimnis dieser kriminellen Tat nur durch die Analyse des Inhaltes des Engrammspeichers gelüftet werden, der eben – infolge des Überwiegens von negativen *Stimuli* – in den entscheidenden Wochen der Planung und am Tattag nicht die positiven Engramme in das Bewusstsein einströmen ließ, die zur Vermeidung dieser spektakulären Tat erforderlich gewesen wären. Eine Analyse dieser Art ist aber nach unserer Theorie nicht möglich, da es sich um Millionen von Engrammen handelt.

II. Frankfurt am Main 2002

Magnus Gäfgen (28 Jahre) hatte 2002 sein Jurastudium beendet und bereitete sich auf das I. Juristische Staatsexamen vor. Zur Befriedigung seiner materiellen Bedürfnisse (u.a. moderne Kleidung) geriet er 2001/2002 in finanzielle Bedrängnis. Im Sommer 2002 kam ihm der für einen Juristen höchst ungewöhnliche Gedanke, ein Kind zu entführen und Lösegeld zu fordern. Am 27. September 2002 lauerte er dem 11-jährigen Sohn Jakob eines Frankfurter Bankiers auf dem Weg von der Schule nach Hause auf, lockte ihn unter einem Vorwand in sein Auto und nahm ihn mit in seine Wohnung. Dort tötete er das Kind[153] und brachte die Leiche an einen Ort außerhalb von Frankfurt am Main Dort versteckte er sie unter einem Holzsteg an einem kleinen See. Am gleichen Tag legte er vor dem Haus der Eltern einen Brief, in dem er 1 Million Lösegeld verlangte. Nach Erhalt des Geldes würde er das Kind, das bereits tot war, den Eltern wohlbehalten zurückbringen.[154]

Vom Landgericht Frankfurt a. M. wurde M. G. am 28. Juli 2003 zu einer lebenslangen Freiheitsstrafe verurteilt:
„Der Angeklagte wird wegen Mordes in Tateinheit mit erpresserischem Menschenraub mit Todesfolge und wegen falscher Verdächtigung in Tateinheit mit Freiheitsberaubung in zwei Fällen zu lebenslanger Freiheitsstrafe als Gesamtstrafe verurteilt.
Die Schuld des Angeklagten wiegt besonders schwer."
Das Urteil ist rechtskräftig. Die Revision wurde vom Bundesgerichtshof verworfen.

In der Haft hat M. G. sein I. Juristisches Staatsexamen abgelegt und eine Autobiografie geschrieben.[155]

---

[153] Der *modus* des Tötens ist nicht vollständig aufgeklärt worden. Der Tod erfolgte jedoch durch Ersticken.

[154] Auszüge aus dem Haftbefehl vom 01.10.2002.

[155] Gäfgen, M.: Allein mit Gott. Der Weg zurück. Bendorf. 2005.

An der Psyche eines Mörders interessierte Wissenschaftler sei die Studie des Buches empfohlen. Man liest dort viel über die tadelsfreie Führung vor Sommer 2002 u.a. hat M. G. vielfach in kirchlichen Jugendgruppen mitgewirkt. Er war auch ein begeisterter Fußballfan. Charakteristisch für ihn ist seine Klage gegen das Land Hessen auf Schmerzensgeld in Höhe von 10.000 Euro. Zur Begründung der Klage: Die Polizei habe ihn gezwungen, auf dem Weg zum Fundort der Leiche Plastikschuhe zu tragen. Dadurch habe er sich schmerzhafte Blasen an den Füssen zugezogen. M. G. beschuldigte ferner den leitenden Kriminalbeamten er habe bei den Verhören Foltermethoden angewendet. In einem Strafverfahren wurde der Beamte nach § 343 StGB verurteilt. Physische Folterung wurde ihm nicht vorgeworfen, sondern nur Psychoterror.[156]

Wegen der Foltervorwürfe reichte M. G. Klage beim Europäischen Gerichtshof in Strassburg ein. (Verletzung der Menschenrechte.) Anfang 2008 war noch nicht über die Beschwerde entschieden.

In der Haft hat Magnus zu seiner ursprünglich intakten religiösen Einstellung zurückgefunden. Er schrieb auf Seite 50 seiner Biografie:

„Welch wunderbares Geschenk ist es doch, mit einer Religion groß geworden zu sein und sich von ihr erfüllt zu sehen, die nicht den strafenden, sondern den liebenden und verzeihenden Gott als ihr zentrales Bild betrachtet. Wie verständliche Verachtung und verständlicher Hass – den ich ja in einer schwierig beschreibbaren Form auch gegen mich selbst fühle, wenn ich an die Tat zurückdenke – durch die Gnade dieser Gewissheit jedem jederzeit einen Ausweg bietet. Meine katholische Prägung und die Tiefe, in der die Gewissheit der Erlösung und Vergebung meine Zuversicht stärkt, helfen mir nunmehr über Zweifel und Niederungen hinweg, die ansonsten in ihrer Trostlosigkeit schier unerträglich wären.“

---

[156] Ein Beispiel: Ein Hubschrauber mit einem Folterspezialisten schwebe bereits über dem Gefängnis, um hinzugezogen zu werden.

Anmerkung:
Eine harmonische Kindheit mit ausreichender *maternal care* ist keine Garantie vor einer Überwältigung durch das Böse. Auch Hochbegabung und Jurakenntnisse immunisieren nicht gegen die Macht böser Gedanken. Wie und wann sich der Übergang der Mordgedanken aus dem Engrammspeicher in das Bewusstsein vollzogen hat, geht aus den mir zur Verfügung stehenden Texten nicht eindeutig hervor. Warum das limbische System (Empathie) so versagt hat, ist ebenfalls ungeklärt und retrospektiv auch unklärbar. Mit Sicherheit ist *ex post* feststellbar, dass die postulierte Tötungshemmungsinstanz *in actu* versagte. Über den Inhalt des Engrammspeichers sind bei den Mördern in Chicago und Frankfurt a. M. nur dürftige Vermutungen möglich. Millionen Engramme kann kein Psychowissenschaftler dechiffrieren. Selbst dem größten Seelenforscher des 20. Jahrhunderts Professor Sigmund Freud dürfte es 1924 in Chicago nicht gelungen sein, aus dem Inhalt der Engrammspeicher die Tat determinierenden *Stimuli* zu orten und zu beschreiben.

Die Tötungshemmungsbarriere muss bei Magnus Gäfgen niedriger sein, als bei durchschnittlich strukturierten Menschen, dem *Homme moyen* der Soziologie. Normale Menschen erpressen und töten in vergleichbaren Situationen nicht, sondern finden vernünftige Wege, um eine Krise zu bewältigen. Die Tötungshemmungsinstanz, sei sie kortikaler oder *mesencephaler* Lokalisation verhindert in affektiv aufgeladenen Situationen die Realisierung des Tötungsimpulses: ‚Ich könnte, *den* oder *die* umbringen!'

Der theoretische Ansatz von MacLean[157], das *Archencephalon* als Quelle der Aggressivität vermittelt allerdings nur annäherungsweise eine Erklärung der Morde in Chicago und in Frankfurt: Auch die Hypothese einer vergleichsweise niedrigen Hemmungsschwelle

---

[157] MacLean, Paul T.:*A Triune Concept of the Brain and Behaviour*. Toronto. 1973.

führt nicht viel weiter. Homicide Gelüste vor ihren Straftaten haben die Täter niemals gespürt. Daher muss der naturwissenschaftlich-anthropologisch orientierte Versuch, die Ursache der Verbrechen zu eruieren, als misslungen angesehen werden.

Das Böse in uns findet eben trotz aller guter Vorsätze nur allzu leicht den Weg zur Überwindung gesetzlicher, ethischer oder religiöser Hemmungen. Die theologische Frage, warum ein liebender, gütiger Gott zulässt, dass seine Geschöpfe in so verhängnisvoller Weise gegen seine Gebote handeln, bleibt ohne Antwort. Dass sich das Böse zum Guten mausern kann (Augustinus) ist eine wenig überzeugende Interpretation des Bösen für die es empirische Belege kaum gibt. Die Gründung des Staats Israel (1949) als Folge des Holocaust ist jedoch ein Beispiel für die These von Augustinus, dass das Böse letztlich ‚Gutes' bewirken kann. Lebten wir noch im Mittelalter, in der Zeit vor Beginn der Aufklärung könnten wir uns mit der Erklärung begnügen, der oder die ‚Teufel' hätten den Jurastudenten zugeflüstert: Erpresst die Eltern und tötet die Kinder!

Heute versuchen wir theoretisierend mit kortikalen Defiziten, niedriger Hemmungsschwelle, genuiner homicider Tötungsantriebe das Unbegreifliche wenigstens abstrakt zu verstehen.

Seit den Studien von Richard Semon[158] verfügen wir über einen weiteren Erklärungsmodus für das Verhalten der Menschen. Seine Engrammspeichertheorie beruht auf der Annahme, dass der Organismus von Tieren und Menschen alle externen Reize, seien sie negativer oder positiver Art, speichert. Überwiegen die negativen Engramme[159], dann können in dem Entscheidungsprozess *ante actum* die malignen Erfahrungen den Ausschlag geben. Die Würfel sind gefallen, es gibt kein zurück mehr.

---

[158] Semon, R.: Die *Mneme*. 1904.[1]

[159] Z. B.: Ertragen von physischer oder psychischer Bosheit in Familie und Umwelt, korrumpierende Milieueinflüsse, negativer Vorbilder, etc.

Im Engrammspeicher der Menschen sind Tausende und Abertausende Reize thesauriert. Daher ist eine Analyse des Inhalts des Engrammspeichers nicht möglich. Die tatentscheidenden Determinanten, die wirkliche *causa* eines Verbrechens bleibt im Strafprozess unbekannt.

Auch tiefenpsychologische Methoden, wie sie erstmals 1924 in Chicago angewendet wurden, scheitern an der Tatsache, dass der menschliche Organismus nach der Geburt alle externen Stimuli speichert, seien sie positiver oder negativer Art. Aus einem Arsenal von unzähligen Engrammen kann das tatentscheidende Engramm nicht isoliert werden. Jeder Versuch, die wirklichen (wahren) Ursachen eines Verbrechens zu erkennen und zu benennen, muss angesichts der schier unendlichen Fülle von Engrammen scheitern.[160]

Die Schwierigkeiten, die wahren Gründe für das Versagen vor dem Ansturm des Bösen zu erkennen, hat Magnus Gäfgen in seiner Studie ‚Allein mit Gott' überzeugend beschrieben.

Fazit:
Bei der Analyse schwerer Straftaten (§ 211, 212 ff. StGB) bleiben die Determinanten ungeklärt, die für das Verbrechen kausal sind. Daher sind Strafverfahren zwar formal korrekt, d. h. an Rechtstaatsprinzipien orientiert, die Wahrheit, die wirklichen tatkausalen Ursachen, können im Strafprozess nicht eruiert werden. Das ‚Folterdrama' im Verfahren Gäfgen zeigt, wie bei polizeilichen Ermittlungen nicht verfahren werden darf. (§ 240 StGB – Nötigung)

---

[160] Die frappierende Varianz unserer Trauminhalte ist ein Indiz dafür, dass Semons Engrammspeichertheorie kein Konjekturatum ist, sondern auf Tatsachen beruht. Als Konjekturata werden blosse Vermutungen bezeichnet, für die es keine empirischen Beweise gibt. Zum Begriff Konjekturatum s. : de Boor, W.: Reflexionen über das Gottesverständnis. Köln. 2007, S. 1 ff.

Anmerkung:

Großes Aufsehen in der Bevölkerung und Verlegenheit bei den Justizbehörden erregte ein Vorfall im November 2006 in der Jugendstrafanstalt Siegburg. 5 Jugendliche hatten einen Mitgefangenen gequält, körperlich verletzt und dann das fast bewusstlose Opfer am Fensterkreuz erhängt, um so einen Selbstmord vorzutäuschen. Das führende Charakteristikum eines Verbrechers, das Fehlen der Empathie ist in diesem Fall besonders deutlich ausgeprägt.

XV. Kapitel

Auschwitz, Exzess des Bösen

Die Frage, ob das Böse Dimensionen annehmen kann, die in früheren Epochen unvorstellbar waren, muss nach den Erfahrungen des 20. Jahrhunderts mit ‚Ja' beantwortet werden. Deutschland, von manchen Land der Dichter und Denker genannt, erlebte nach der Machtübernahme Hitlers am 30. Januar 1933 einen schleichenden Verfall kultureller Werte verbunden mit der Aushöhlung der Menschenrechte. Die an den deutschen Universitäten lehrenden jüdischen Professoren wurden entlassen. Hohe Beamte wurden, wenn sie der SPD nahe standen ohne sachliche Gründe gefeuert. In der Nacht vom 30. April auf den 1. Mai 1933 verbrannten in Berlin Studenten die Bücher missliebiger Autoren. Cassandra prophezeite damals: Erst brennen die Bücher, dann die Menschen.

Bücher wurden auch schon in früheren Jahrhunderten verbrannt. Goethe[161] berichtet in seiner Biografie von einem Ereignis, das sich um 1756 in Frankfurt a. M. zugetragen hat:
„Wir mussten Zeugen von verschiedenen Exekutionen sein, und es ist wohl wert, zu gedenken, dass ich auch bei Verbrennung eines Buchs gegenwärtig gewesen bin. Es war der Verlag eines französischen komischen Romans, der zwar den Staat, aber nicht Religion und Sitten schonte. Es hatte wirklich etwas Fürchterliches, eine Strafe an einem leblosen Wesen ausgeübt zu sehen."

Das Ende des Rechtsstaates kam am 30. Juni 1934. Ernst Röhm, oberster SA-Führer und viele seiner Anhänger, wurden ohne Gerichtsverfahren erschossen. Röhm sollte eine Revolte gegen Hitler

---

[161] Goethe, J. W.: Dichtung und Wahrheit. I. Teil, 4. Buch, S. 200.

geplant haben. 1935 traten die Nürnberger Blutschutzgesetze in Kraft. Intime Beziehungen zwischen Ariern und Juden wurden hart bestraft. Für fanatische NS-Juristen genügten schon unzüchtige Berührungen. Ein Beispiel für viele ist der Fall Leo Katzenberger. Vom Sondergericht Nürnberg wurde er wegen Rassenschande zum Tode verurteilt und am 13. März 1945 hingerichtet. Der strafrechtliche Vorwurf: Der Jude Katzenberger hatte die Prostituierte Seiler mehrfach über ihren Kleidern berührt, sie an den Schenkeln getätschelt, seinen Kopf auf ihren Busen gelegt.[162]

1938 brannten in Deutschland die Synagogen. Jüdische Geschäfte wurden demoliert, Juden verfolgt, misshandelt oder getötet. Wohlhabende Juden konnten auswandern, wenn sie die hohe Reichsfluchtsteuer bezahlt hatten.

Im II. Band der Zeitgeiststudie hat der Berliner Strafrechtslehrer Werle die Stationen aufgelistet, die nach Ausbruch des II. Weltkrieges das Leben für die Juden in Deutschland fast unerträglich machten. Werle[163] leitet das Kapitel mit den Worten ein:
„Definition, Diskriminierung und Entrechtung waren notwendige Stationen auf dem Weg nach Auschwitz“. Gesetzgebung und Justiz haben den Rassenwahn in juristisch handhabbare Formen überführt und an der Schaffung eines politischen und sozialpsychologischen Klimas mitgewirkt, in dem der Holocaust möglich wurde. Die Justiz hat sich rückhaltlos der Anwendung eines ‚Rechts' verschrieben, dessen Quelle und Lebensnerv der Führerwille war. Die Handhabung des Blutschutzgesetzes ist ein Dokument des Bestrebens, den Willen der nationalsozialistischen Führung nach besten Kräften umzusetzen.
Anmerkung der Herausgeber:
Den heute lebenden Menschen ist die Rassengesetzgebung des

---

162 Werle, G.: Reichsgericht und Blutschutzgesetze. In: de Boor, W.: Über den Zeitgeist. II. Band. Marburg. 1995, S. 165 ff.

163 Werle, G.: l.c. 171 ff.

III. Reiches unbegreiflich. Wie weit die Vergiftung der öffentlichen Meinung über angeblich ‚artfremde' Mitbürger gediehen war, zeigen einige Verordnungen, die 1941/42 ergangen sind. Der Paria-Status der Juden sollte für alle Volksgenossen erkennbar sein.

J. Friedrich (‚Freispruch für die Nazi-Justiz' 1983, S. 262) hat eine Zusammenstellung veröffentlicht:

- 12. Juni 1941: Die Bezeichnung ‚Gottgläubig' dürfen Juden nicht führen.
- 26. Juni 1941: Juden sollen in Zukunft keine Zusatzscheine für Seife und keine Rasierseife erhalten. Dadurch sollen Männer durch Bärte als Juden erkenntlich gemacht werden.
- 2. August 1941: Juden dürfen die allgemeinen Leihbüchereien nicht benutzen.
- 1. September 1941: Ab 15. September 1941 ist es Juden, die das dritte Lebensjahr vollendet haben, verboten, sich in der Öffentlichkeit ohne Judenstern zu zeigen.
- 12. September 1941: Juden dürfen Märkte und Messen nicht besuchen.
- 18. September 1941: Juden wird untersagt, Schlafwagen und Speisewagen der Reichsbahn zu benutzen. In Nahverkehrsmitteln dürfen Juden nur in den niedrigen Klassen fahren und Sitzplätze einnehmen, wenn andere Reisende nicht mehr stehen.
- 23. Oktober 1941: Die Auswanderung der Juden aus Deutschland ist ausnahmslos für die Dauer des Krieges verboten.
- 13. November 1941: Sämtliche in jüdischen Privatbesitz befindlichen Schreibmaschinen, Rechenmaschinen, Vervielfältigungsapparate, Fahrräder, Fotoapparate und Ferngläser sind zu erfassen und abzuliefern.
- 7. Januar 1942: Verbot der Benutzung öffentlicher Fernsprechstellen durch Juden.

- 14. Februar 1942: Keine Kuchenabgabe an Juden und Polen in den Bäckereien.
- 15. Februar 1942: Juden dürfen keine Haustiere halten.
- 17. Februar 1942: Kein Zeitungsbezug durch Juden.
- 16. März 1942: In Dresden wird den Juden der Kauf von Blumen verboten.
- 30. März 1942: Durchreise durch das Reichsgebiet für Juden verboten.
- April 1942: Den Juden ist der Besuch von Ariern in deren Wohnung verboten.
- 9. Juni 1942: Juden haben alle entbehrlichen Kleidungsstücke abzuliefern.

Das Gesetz zum Schutze des deutschen Bluten und der deutschen Ehre vom 15. September 1935:
Durchdrungen von der Erkenntnis, dass die Reinheit des deutschen Blutes die Voraussetzung für den Fortbestand des Deutschen Volkes ist, und beseelt von dem unbeugsamen Willen, die Deutsche Nation für alle Zukunft zu sichern, hat der Reichstag einstimmig das folgende Gesetz beschlossen, das hiermit verkündet wird:

§ 1
1) Eheschließungen zwischen Juden und Staatsangehörigen deutschen oder artverwandten Blutes sind verboten. Trotzdem geschlossene Ehen sind nichtig, auch wenn sie zur Umgehung dieses Gesetzes im Ausland geschlossen sind.
2) Die Nichtigkeitsklage kann nur der Staatsanwalt erheben.

§ 2
Außerehelicher Verkehr zwischen Juden und Staatsangehörigen deutschen oder artverwandten Blutes ist verboten.

§ 5

1) Wer dem Verbot des § 1 zuwiderhandelt, wird mit Zuchthaus bestraft.
2) Der, der dem Verbot des § 2 zuwiderhandelt, wird mit Gefängnis oder mit Zuchthaus bestraft.

§ 2 RStGB 1935

Bestraft wird, wer eine Tat begeht, die das Gesetz für strafbar erklärt oder die nach dem Grundgedanken eines Strafgesetzes und nach gesundem Volksempfinden Bestrafung verdient. Findet auf die Tat kein bestimmtes Strafgesetz unmittelbar Anwendung, so wird die Tat nach dem Gesetz bestraft, dessen Grundgedanke auf sie am besten zutrifft.

§ 3 RStGB in der bis 1940 geltenden Fassung

Die Strafgesetze des Deutschen Reichs finden Anwendung auf alle im Gebiete desselben begangenen strafbaren Handlungen, auch wenn der Täter ein Ausländer ist.

§ 3 Abs. 1 RStGB 1940

Das deutsche Strafrecht gilt für die Tat eines deutschen Staatsangehörigen, einerlei, ob er sie im Inland oder im Ausland begeht."

Am 20. Januar 1942 wurde in Berlin die systematische Ausrottung der Juden in Deutschland und in den von deutschen Truppen besetzten Ländern Europas beschlossen. Alle Juden sollen abtransportiert und in den Vernichtungslagern des Ostens getötet werden. Die Zahl der Opfer beträgt nach amtlichen Schätzungen 6 Millionen.

Wenn man bedenkt, dass fast alle Menschen – ausser den Serienmördern[164] – mit einer instinktiven Tötungshemmung ausgestattet sind, sind die Mordaktionen in Auschwitz und anderen Todeslagern für normal empfindende Menschen absolut unbegreiflich. Jeder Autofahrer bremst instinktiv, wenn ein Tier, und sei es nur eine Kröte, die Fahrbahn überquert. In Köln hielten vor Jahren alle Autofahrer, um eine Ente mit ihren Küken die Fahrbahn unverletzt passieren zu lassen. In Auschwitz wurden Menschen – Männer, Frauen, Kinder, Greise – wie auf einem Fließband in die Gaskammern transportiert.

Für die nach 1945 geborene Generation ist der Holocaust ein böser Traum. Schuldgefühle haben sie nicht. Aber sie ahnen, dass der Name Deutschland noch in tausend Jahren mit dem Makel des Massenmordes an Menschen befleckt sein wird, die das Unglück hatten, in Deutschland als Juden geboren zu sein. Noch heute, 60 Jahre nach Ende des III. Reiches, stellt sich jeder nachdenkliche Mensch die Frage, ob es Erklärungsversuche gibt, das Unerklärliche des Holocaust wenigstens annäherungsweise begreiflich zu machen. Alle Bemühungen scheitern jedoch an der Dimension des Bösen, die in der Menschheitsgeschichte bis 1941/42 unbekannt war. Die Deutungen des Exzess-Bösen muten eher hilflos an.

Allzu viele Menschen waren von der Richtigkeit der hitlerschen Rassenideologie überzeugt. Die Juden galten als Ungeziefer, das vernichtet werden durfte, ja vertilgt werden musste. In Deutschland entstand der Begriff ‚Kadavergehorsam', d. h. die Befehle der Obrigkeit, verbrecherisch oder nicht, mussten ausgeführt werden. Im 19. und 20. Jahrhundert vollzog sich, wenn auch nur sehr langsam eine Säkularisierung des Denkens und des Wertebewusstseins.

---

[164] Harbort, St.: Das Serienmörderprinzip. Was zwingt Menschen zum Bösen? 2006.[2]

Nach 1945 haben sich jüdische Theologen bemüht, rationale Erklärungen für das kollektive Unglück des jüdischen Volkes zu finden.

Die Antworten lauten:

1. Eine neue Antwort ist nicht nötig. Der Holocaust ist wie alle anderen schrecklichen Tragödien. Dieses Ereignis drängt uns nur erneut, die Frage zu stellen, warum Böses manchmal guten Menschen widerfährt. Der Holocaust sollte unsere Theologie nicht verändern.
2. Das rabbinische Judentum hat eine Lehre aus den Büchern der Propheten (Tanach), genannt *mi-penei hataeinu*, ‚wegen unserer Sünden wurden wir bestraft'. Wenn in biblischer Zeit das jüdische Volk von Übeln befallen wurde, betonten die Propheten, die Leiden seien die natürliche Folge davon, dass Gottes Gebote nicht befolgt werden, so wie Wohlstand, Frieden und Gesundheit die natürlichen Folgen davon sind, dass Gottes Gebote befolgt werden. Deshalb haben einige Vertreter der orthodoxen Gemeinschaft gelehrt, viele jüdische Menschen in Europa seien zutiefst sündhaft gewesen. Nach dieser Sichtweise ist der Holocaust eine gerechte Strafe Gottes.
3. Der Holocaust ist ein Beispiel für die temporäre Gottesfinsternis. Es gibt Zeiten, in denen Gott auf unerklärliche Weise in der Weltgeschichte abwesend ist.

Ob sich ein Genozid vom Ausmaß des Holocaust wiederholen kann, ist eher unwahrscheinlich, aber nicht absolut ausschließbar. Die Explosion einer Wasserstoffbombe kann sehr viele Menschen sofort töten oder sie einem qualvollen Sterben ausliefern.

Anmerkungen:

I. Holocaust und *Theodizee*

Für die Immanenztheologen ist die Tatsache, dass Gott die Ermordung zahlloser Angehöriger des ‚auserwählten' Volkes reaktionslos geduldet hat, ein Ärgernis, das die Fundamente einer Theologie gefährdet, für die Gott allmächtig, allwissend und allgegenwärtig ist. Ist Gott an einem Fußballtor der Weltmeisterschaft 2006 in Deutschland ebenso gegenwärtig wie an den Türen der Verbrennungsöfen in Auschwitz?[165] Mit der Hinnahme der Untätigkeit Gottes obwohl er – allmächtig – hätte handeln können, steht die Immanenztheologie vor einem unlösbaren Problem. Nur mit der nahezu absoluten Transzendenztheorie[166] kann die Untätigkeit Gottes begründet werden. Gott hat seinen Geschöpfen die Entscheidungs- und Handlungsfreiheit mit auf ihren Weg gegeben, in den er nicht eingreift.

II.
Der Genozid, ausgeführt von fanatisierten Türken an der armenischen Bevölkerung im 1. Viertel des 20. Jahrhunderts ist mit dem Holocaust nicht zu vergleichen. Die Ermordung der armenischen Christen erfolgte nicht industriell, sondern manuell.

III.
Die naturwissenschaftlich orientierte Modellvorstellung vom Ablauf zerebraler Prozesse bei der Tötung von Menschen ist zur Erklärung der Morde in den NS-Vernichtungslagern ungeeignet.

IV.
Nach der in den ‚Reflexionen' entwickelten *Anima*-Theorie tritt der Tod eines Menschen ein, wenn Gott die *Anima* (= *Ens divinum*) zurückruft. Menschen, die andere Menschen töten usurpieren das al-

---

165 Eine evangelische Pastorin, die am Tor der deutschen Nationalmannschaft stand, stieß, als es um den 11-Meter Schuss auf das deutsche Tor galt, ein Stoßgebet aus: Lieber Gott gib, dass er den Ball hält! Zitiert in: de Boor, W.: Reflexionen. Köln. 2007, S. 213.

166 Zur Begründung dieser Theorie: Reflexionen, S. 173 ff.

leinige Recht Gottes, das individuelle Leben zu beenden. Mord ist nicht nur das schlimmste Verbrechen, sondern auch die schwerste Sünde, die ein Mensch begehen kann.

XVI. Kapitel

Zeittypische Versuchungen – Steueroasen. Sind Steuersünder böse? (Die Pleonexie-Theorie)

Im Sommer 2008 dachten in Deutschland mehr Menschen an Geldsorgen im Alltag nach als in den ruhigen Jahren vor Einführung des Euro und den Folgen der Globalisierung. Geld, das Materielle im ‚Goldenen Kalb' symbolisch dargestellt.[167] Geld als ‚ungerechter Mammon' im Neuen Testament verunglimpft[168], ist Leitthema vieler Gespräche geworden.

Besondere Sorgen bereiten die steigenden Lebensmittelpreise, die Verteuerungen von Strom und Gas, die Erhöhungen kommunaler Abgaben, Preissteigerungen bei Bahn und kommunalen Verkehrsbetrieben und besonders missmutig registriert, das horrende Abzocken an den Tankstellen.

Viele Menschen sind empört, wenn sie vom Einkommen vieler Topmanager hören und aus den Medien erfahren, dass die nach Firmenpleiten gefeuerten Manager riesige Abfindungen erhalten. Verblüfft und bestürzt nahm man im September 2008 davon Kenntnis, dass eine staatliche Bank der bankrotten amerikanischen Lehman Brother's Bank 350.000 Millionen Euro überwiesen hat, als schon bekannt war, dass die Firma pleite ist. Dieses Geld hätte der Staat besser in Bildung und Erziehung investieren können und sollen.

Der Mammon ist, wie die Bibel lehrt, ungerecht verteilt. Das Ge-

[167] II. Buch Mose, 36.

[168] Lukas, 16, 9-13.

fühl, zu unrecht benachteiligt zu sein, führt zu Politikverdrossenheit, zu Wahlenthaltungen und stärkt linke wie rechte extremistische Tendenzen in unserer Gesellschaft. Den traditionellen Volksparteien laufen die Mitglieder davon.

Aufsehen erregte am 15. Februar 2008 die vom Fernsehen ausgestrahlte Sendung, dass der Top-Manager der Telekom A.G. von Polizei und Staatsanwaltschaft aus seiner Villa in einem Kölner Nobelviertel geholt und nach Bochum (?) transportiert wurde. Ihm wird Steuerhinterziehung in Millionenhöhe vorgeworfen. Der Beschuldigte, noch dazu Erbe eines Millionenvermögens und als Chef der Telekom A.G. Bezieher eines hohen Einkommens soll Millionen an eine Liechtensteiner Bank transferiert haben, um den Staat um die Einkommenssteuer zu prellen. Sein Name und der Name vieler anderer Steuersünder wurden der Behörde auf einer CD-Platte zugespielt.

Der Fall des Kölner Dr. K. Z., ein spektakulärer Fall unter unzähligen anderen Verfahren, regte mich als Kriminologen zu der Frage an, wie es dazu kommt, dass Reiche und Superreiche immer mehr Geld haben wollen? Für das Phänomen des ‚Immer mehr haben wollen' (= Geldgier) gibt es eine zunächst nur verbale Erklärung, die Pleonexie. Der wenig bekannte Begriff wurde in der Antike von griechischen Philosophen geprägt. Aristoteles[169], ein Schüler von Platon, hat den Begriff in seiner Schrift ‚Die nikomachische Ethik' in die Philosophie eingeführt. Aufgrund seiner Einsichten in die menschliche Natur beschrieb Aristoteles die triadische Struktur des Menschen. Sie beruht auf drei Existenzialen:

I. Das Sein
II. Das Haben
III. Das Gelten

---

[169] Aristoteles (384 bis 322 v. Chr.).

Vor der Analyse der Begriffe und ihrer Bedeutung für Ökonomie und Kriminologie möchte ich auf ein Gedicht von Tucholsky hinweisen, in dem er das Wesen der Pleonexie meisterhaft beschrieben hat:

„Das Ideal.“

Ja, das möchste:

Eine Villa im Grünen mit großer Terrasse,
vorn die Ostsee, hinten die Friedrichstraße;
Mit schöner Aussicht, ländlich-mondän,
vom Badezimmer ist die Zugspitze zu sehen –
aber abends zum Kino hast dus nicht weit.

Das Ganze schlicht, voller Bescheidenheit:
Neun Zimmer, – nein doch lieber zehn!
Ein Dachgarten, wo die Eichen drauf stehn,
Radio, Zentralheizung, Vakuum,
eine Dienerschaft, gut gezogen und stumm,
eine süße Frau voller Rasse und Verve –
(und eine fürs Wochenend, zur Reserve) –,
eine Bibliothek und drumherum,
Einsamkeit und Hummelgesumm.

Im Stall: Zwei Ponies, vier Vollbluthengste,
acht Autos, Motorrad – alles lenkste
natürlich selber – das wär ja gelacht!
Und zwischendurch gehst du auf Hochwildjagd.

Ja, und das hab ich ganz vergessen:
Prima Küche – erstes Essen –
alte Weine aus schönem Pokal –

und egalweg bleibst du dünn wie ein Aal.
Und Geld. Und an Schmuck eine richtige Portion.
Und noch ne Million und noch ne Million.
Und Reisen. Und fröhliche Lebensbuntheit.
Und famose Kinder. Und ewige Gesundheit.

Ja, das möchste!

Aber, wie das so ist hienieden:
Manchmal scheints so, als sei es beschieden
nur pöapö, das irdische Glück.
Immer fehlt dir irgendein Stück.
Hast du Geld, dann hast du nicht Käten;
hast du die Frau, dann fehln dir Moneten –
hast du die Geisha, dann stört dich der Fächer:
bald fehlt uns der Wein, bald fehlt uns der Becher.

Etwas ist immer.

Tröste dich.

Jedes Glück hat einen kleinen Stich.
Wir möchten so viel: Haben. Sein. Und gelten.
Dass einer alles hat:
das ist selten.“[170]

I. Zur Kategorie ‚Sein‘

In dem Begriff ‚Sein‘ sind Körper (= *Soma*) und Seele (= *Psyche*) des Menschen zusammengefasst. In meinen wissenschaftlichen Abhandlungen habe ich das Wort‚Seele‘ vermieden und das Wort ‚Psyche‘ benutzt. Die Psyche (die Summe seelischer Phänomene) ist eine empirische

---

170 Tucholsky, K.: Gesammelte Werke. Band 5. 1975, S. 269.

Realität. Ihre Selbstständigkeit wird nur von Monisten bestritten. Die im Begriff ‚Psyche' zusammengefassten seelischen Aktivitäten werden in den Psychologie Instituten der Universitäten untersucht. Mit Störsyndromen im Bereich der Psyche befassen sich Psychotherapeuten. Der Terminus ‚Psyche' ist also ein wissenschaftlich anerkannter Begriff.

In mein triadisches Modell des Menschen habe ich den Begriff der ‚*Anima*' eingeführt. Die *Anima* ist kein empirisches Faktum, sondern Ausdruck einer Hypothese, die den *Logos spermatikos* der *Gnosis* als *causa prima* für Leben ansieht. Die *Anima* ist als *Logos spermatikos* präexistent, im lebenden Menschen existent und postexistent. Sie kehrt nach dem Tod des Leibes (*Soma* und *Psyche*) zu Gott, in die *Corona Dei* zurück. Die *Anima* – der Begriff ist der Liturgie der Messe entnommen – ist unsterblich, die *Psyche* nicht. [171]

II. Zur Kategorie ‚Haben'

Im Begriff ‚Haben' sind alle materiellen Werte und Güter enthalten, die der Mensch zum Leben braucht (Nahrung, Kleidung, Wohnung u.a.m.). Durch die Erfindung des Geldes und anderer abstrakter Werte (z.B. Aktien) hat das Existenzial ‚Haben' im Vergleich zur Urzeit in kaum noch überschaubarer Weise zugenommen.

III. Zur Kategorie ‚Gelten'

Das dritte Existenzial hat für fast alle Menschen große Bedeutung. In der Familie, im Beruf, im öffentlichen Leben streben die Menschen nach Geltung, sie wollen anerkannt werden. Schopenhauer zählt beim Begriff ‚Gelten' Ehre, Rang und Ruhm auf.

[171] Weitere Ausführungen zum Begriff der Anima.
in: de Boor, W.: Reflexionen über das Gottesverständnis am Beginn des 21. Jahrhunderts. Köln. 2007.

Die Bedeutung der drei Existenziale für Gelingen oder Scheitern des Lebens wird niemand bestreiten. Für Anthropologie und Kriminologie ist die Triadentheorie eine unverzichtbare Hilfe, um das Verhalten der Menschen zu verstehen. Abnorme Verhaltensweisen können mit dieser Theorie rational erklärt werden.

Der Grundgedanke dieser Überlegungen für das Verständnis abnormen Verhaltens ist die These, dass Defizite in einem oder in allen drei Existenzialen als primäre Ursache vorhanden sind. Die Defizite werden in der sensiblen Prägungsphase, d. h. in den ersten beiden Jahren nach der Geburt durch falsches Verhalten der engsten Umgebung erworben.

Zu den Folgen von Defiziten im Bereich ‚Haben':
Erleidet des Mensch in der Prägungsphase massive materielle Beeinträchtigungen und/oder Nachteile im Vergleich zu normal aufwachsenden Kindern (z. B. Hungern, Verwahrlosung, Fehlen positiver Stimuli, Spielzeug, Berührung mit der Natur) so können oft erst sehr viel später unstillbare Bedürfnisse entstehen, diese Defizite auszugleichen oder sogar zu überkompensieren. Das imperative Ausgleichsverlangen manifestiert sich ohne dass eine materielle Notlage vorliegt in Eigentumsdelikten. Meist ist es der Diebstahl, der Zwang eine fremde Sache nehmen und haben zu wollen. Ein weiteres Symptom des Defizits ist die Pleonexie, die unstillbare Gier nach ‚mehr'[172]. Sei es Geld oder wertvolle Sachen. Das immer mehr haben wollen manifestiert sich auch dann, wenn materielle Güter in Fülle vorhanden sind. So gesehen ist Steuerhinterziehung in Millionenhöhe ein Symptom für ein Defizit im Bereich des Existenzials ‚Haben', das durch den loyalen Erwerb von Reichtum nicht ausgeglichen wird. Pleonektische Begierden sind kaum zu befriedigen. Die Kompensationsbemühungen im Bereich der Existenziale I und II sind für Gesellschaft und Rechtsordnung im Vergleich zu

---

172 griechisch *Pleon* = mehr.

den Folgen der Defizite im Bereich ‚Haben‘ von geringerer Bedeutung. Bei Krüppeln und ästhetischen Fehlleistungen der Natur entstehen keine stärkeren kriminellen Antriebe. Defizite im Bereich ‚Gelten‘ können jedoch zu spektakulären Entwicklungen führen. Der erfolglose Kunstmaler A. Hitler, der es im I. Weltkrieg nur zum Gefreiten gebracht hatte und nach dem Krieg jahrelang in der Öffentlichkeit unbeachtet blieb, brachte es schließlich zum Herrn über Europa vom Nordkap bis fast zu den Pyramiden.

Das Böse ist Thema dieser Abhandlung. Daher stellt sich die Frage, ob die Steuersünder böse Menschen sind oder nicht? Nach der im I. Kapitel gegebenen Definition ‚handelt böse, wer einem anderen Menschen in physischer, psychischer oder materieller Hinsicht vorsätzlich Schaden zufügt. Die Steuersünder schädigen keinen konkreten Menschen, sondern den Staat. Sie verhalten sich dem Staat gegenüber illoyal, aber nicht böse. Die von ihnen angerichteten Schäden können beträchtlich sein, aber den einzelnen Bürger wird im Hinblick auf die Höhe der Steuer, die er zahlen muss – Haushalt 2009 (288 Milliarden Euro) – der Ausfall an Steuern durch die Transaktionen der Sünder nicht belasten. Es ist nicht anzunehmen, dass der einzelne Steuerpflichtige auch nur einen Euro mehr bezahlen muss, im Hinblick auf die Einbussen des Staates durch die Machenschaften der Personen, die ihr Geld in Steueroasen anlegen. Steuerhinterziehung ist strafbar. In den Verfahren müssen die Angeklagten mit hohen Geldstrafen rechnen.

Auch wenn die Ursache für das Fehlverhalten im Bereich der Steuerzahlung auf Defiziten beruhen sollte, die in der frühen Prägungsphase entstanden sind, so bleibt die strafrechtliche Verantwortlichkeit für das Fehlverhalten unberührt. Die Pleonexietheorie dient nicht dazu, die Steuersünder juristisch oder moralisch zu entlasten, sondern nur zum Verständnis eines Verhaltens, das zunächst angesichts des Reichtums der Täter unerklärlich und uneinfühlbar ist.

Anmerkung:
Das IV. Existenzial
Der Heidelberger Kriminologe W. S. Engel[173] hat in der 1972 erschienenen Abhandlung ‚Zur Metamorphose des Rechtsbrechers' das klassische Triadenkonzept durch die Kategorie ‚Liebe' ergänzt. Die Erfahrung, lieben zu können und geliebt zu werden, gehört zu den unsere Emotionalität am stärksten prägenden Ereignissen. Die Liebe, sei es Agape, Amor, Eros oder Sexus hat enge Beziehungen zu den drei traditionellen Existenzialen.

Potenz, aber auch das Trauma der *Impotentia satisfactionis* (Anorgasmie) sind psychosomatische Funktionen, also Phänomene des Seins, des Habens und des Geltens. Sein, Haben und Gelten sind für die Aufnahme intimer Beziehungen von großer Bedeutung. Wer hässlich ist, kein Geld hat und als *Clochard* sein Dasein fristet, hat es schwer einen passenden Partner zu finden.

Ob Defizite im Bereich der Sexualität *causa* für Sexualverbrechen sind oder sein könnten, ist eine zurzeit noch unbeantwortbare Frage.

Die kriminologische Defizittheorie beruht auf der Annahme, dass in der sensiblen Prägungsphase (0-2 Jahre) Bedürfnisse in einem oder mehreren Existenzialen nicht oder nur ungenügend befriedigt worden sind. Sexuelle Aktivität im engeren Sinn des Begriffes, also somatische Partnerbeziehungen, sind in diesem Lebensabschnitt undenkbar und physisch unmöglich. Daher kann es keine Frustrationen im Bereich des IV. Existenzials geben. Für die Genese von

---

[173] 1914-2002.

Sexualdelikten im erwachsenen Alter sind negative Erfahrungen in der frühen Prägungsphase daher nicht kausal.

XVII. Kapitel

Kann der Staat maligne Entwicklungen in der Gesellschaft verhindern? (Prävention[174])

Kriminalität ist, so hat es Adolphe Quételet[175] 1835 formuliert, ein Phänomen, das in jeder Gesellschaft nachweisbar ist. Jeder Staat muss Jahr für Jahr Millionenbeträge für die Justiz aufbringen, eine Last die Quételet als ‚*Budget criminel*' bezeichnet hat. Der Kriminalstatistik ist zu entnehmen, dass die Zahl der registrierten Verbrechen über Jahre annähernd konstant bleibt. Es gibt also nie 16.000 Brandstiftungen und im folgenden Jahr nur 12. Die Zahlen schwanken erheblich um einen statistisch ermittelten Durchschnittswert. Nur im Krieg, und in Zeiten wirtschaftlicher Not, verändern sich die Zahlen signifikant. Das gilt besonders für den Bereich des Eigentums. Als erster Autor hat Karl Marx auf die Zunahme von Holzdiebstählen in einer Zeit wirtschaftlicher Not hingewiesen. Kohle und Brennholz wurden erheblich teurer und so nahmen die Holzdiebstähle in den Wäldern der Mosel zu.

Wenn Kriminalität wie Krankheit, Altern und Tod ein naturbedingtes, also in der Natur des Menschen begründetes Phänomen wäre, dann wäre es unmöglich durch administrative Maßnahmen die Zahl der Verbrechen deutlich zu senken.

Mit besonderer Aufmerksamkeit wird das Verhalten von Jugendlichen und Heranwachsenden beobachtet. Die Zahl der von ihnen begangenen Delikte hat sich zwar nicht wesentlich geändert, doch fallen die Straftaten durch ihre besondere Brutalität auf. Der

---

[174] Zur Geschichte der Präventionsidee W. de Boor: Kinderkriminalität. 2002. S. 13 ff.

[175] Quételet, A.: *Sur l'homme et le développement de ses facultés*. Paris. 1835.

Kölner Polizeipräsident Steffenhagen wies am 1. März 07 auf die zunehmende „Verrohung der Gesellschaft" hin.[176]

Bei der Arbeit an diesem Kapitel las ich am 5. Januar 2008, dass ein 11-jähriger Junge einen Rentner niedergeschlagen und beraubt hat.[177] Der Begleiter erlitt vor Angst einen Herzanfall. Vier Tage später erfuhr man aus der Zeitung, dass „Obdachlose von Kölner Schülern brutal gequält" wurden.[178] Fast jeden Tag bringen Presse und Fernsehen Nachrichten über Delikte von Kindern und Jugendlichen. Kinder unter 14 Jahren sind nicht strafmündig (§ 3 JGG). Sie werden von der Polizei verhört und wieder nach Hause geschickt. Sanktionen sind vorerst nicht möglich. Das soll sich nun ändern. Wegen der Häufung brutaler Aggressionen auf den Strassen, in öffentlichen Verkehrsmitteln und auch in den Schulen wird intensiv über präventive Maßnahmen nachgedacht. In Berliner Schulen hat die Aggressivität einiger Schüler gegen Mitschüler, aber auch gegen Lehrer so zugenommen, dass die Schulverwaltung einen privaten Sicherheitsdienst mit der Kontrolle aller Schüler beauftragt hat. Unter dem Druck der Öffentlichkeit befassten sich Kriminalpolitiker aller Parteien mit der Frage: Was kann der Staat tun, um Kriminalität bei Kindern, Jugendlichen und Heranwachsenden einzudämmen? Mehrere Möglichkeiten werden zurzeit kontrovers diskutiert:

I. Strafmündigkeit soll in Zukunft mit 12 Jahren beginnen.
II. Heranwachsende (18–21) sollen künftig wie Erwachsene abgeurteilt werden.
III. Nachträgliche Sicherungsverwahrung bei ungünstiger Prognose.
IV. Warnschuss-Arrest.

---

176 Kölner Stadt-Anzeiger v. 01.03.2007.

177 Kölner Stadt-Anzeiger v. 05.01.2008.

178 Kölner Stadt-Anzeiger v. 09.01.2008.

V. Die Einrichtung von Erziehungslagern (Boot-Camps).

Der Gedanke für jugendliche Intensivtäter spezielle Lager einzurichten, kommt aus Amerika. Eine abschließende Bewertung ist noch nicht möglich, da Katamnesen fehlen. Die Einrichtung eines Erziehungscamps ist in Nordrhein-Westfalen für März 2008 geplant. Durch strenge Disziplin und straffen Ablauf des Tages soll bei normativ verwahrlosten Jugendlichen erreicht werden, dass sie lernen, sich normenorientiert zu führen. Wahrscheinlich ist ein strafferer Vollzug effektiver als eine zu nachsichtige Behandlung von Jugendlichen, die Rücksichtnahme oft als Schwäche auslegen. Die Würde renitenter Jungtäter wird durch Disziplin und Konsequenz nicht beschädigt. Eine gründliche ärztliche Untersuchung vor Beginn der Maßregel ist notwendig, um latente Krankheiten zu erkennen und Todesfälle, wie in den USA, zu verhüten.

Die Androhung höherer Strafen wird nach den bisherigen Erfahrungen keine zusätzlichen Hemmungen auslösen. Wenn die Androhung von 10 Jahren Freiheitsstrafe bei Tötungsdelikten nicht wirkt, kann auch die abstrakte Drohung mit 15 Jahren nichts ausrichten. Effektiver könnten die Berichte der Jugendlichen über die Erfahrungen in den Boot-Camps wirken, wenn sie nach der Entlassung anderen Jugendlichen über das Leben in den Camps berichten. Die Einrichtung von Erziehungscamps ist aus präventiver Sicht durchaus zu begrüßen. Es ist jedoch zunächst ein Experiment, dessen Ergebnis abgewartet werden muss. Die überwiegende Mehrzahl der Bevölkerung ist nach Meinungsumfragen für eine härtere Bestrafung krimineller Jugendlicher.[179]

---

[179] NTV-Umfrage und Umfrage im Bayerischen Fernsehen: 97% und 93% der Bevölkerung sprachen sich für strengere Bestrafung aus.

Anmerkungen zum Begriff ‚Prävention'[180]:
Die geplanten und zum Teil bereits vollzogenen Änderungen im Strafrecht für nicht volljährige Täter leiden sprachlogisch gesehen unter einem Mangel:
Sie dienen nur insoweit der Prävention, als während des Vollzuges einer freiheitsentziehenden Maßnahme die Allgemeinheit durch sie nicht gefährdet ist.

Der Begriff Prävention stammt aus der medizinischen Wissenschaft. Präventive Maßnahmen verhindern, dass es zu Ansteckungen mit Bakterien oder Viren kommt. Von Prävention im eigentlichen Wortsinn kann man nur sprechen, wenn die Maßnahmen im Vorfeld der Kriminalität getroffen werden, also vor der ersten manifesten Straftat einsetzen.

Der Begriff der Prävention wäre nur dann richtig angewendet, wenn vor der I. Straftat eingegriffen würde. Das ist allerdings unmöglich, da die Prodrome künftiger Kriminalität nicht so eindeutig feststellbar sind, um staatliche Eingriffe zu rechtfertigen.

Der Schwerpunkt präventiver Forschung sollte daher auf früher Diagnostik kriminogener Tendenzen liegen. Die Diagnose präkriminelle Sozialpsyche[181] ist schwieriger zu stellen als die Diagnose ‚kriminell'. Es gibt jedoch Frühwarnsymptome, die an künftige kriminelle Entwicklungen denken lassen. Ein Beispiel für eine sehr frühe Manifestation einer abnormen – kriminogenen – Persönlichkeitsentwicklung ist der Fall Marcus H.:

„Marcus H. wurde am 27. März 1966 geboren. Seinen Vater, einen Juristen, bezeichnete er als autoritär, fast diktatorisch. Die Mutter sei tolerant, warmherzig und gefühlvoll gewesen. Mit 6 Monaten kam Marcus für ½ Jahr zu einer Tante, da die Mutter ihre

[180] Die Entwicklung des Begriffes Prävention von der Antike bis zu Franz von Liszt, Der Zweckgedanke im Strafrecht' (1883) ist in der Monografie , Kinderkriminalität' (W. de Boor; 2002) beschrieben worden.

[181] Im Begriff ‚Sozialpsyche' sind alle psychischen Instanzen zusammengefasst, die ein gedeihliches Miteinander der Menschen ermöglichen.

Berufstätigkeit als Sekretärin wieder aufnehmen wollte. Auf die Geburt seines Bruders reagierte er heftig mit Einkoten, Schreien, Nahrungsverweigerung. Mit knapp 5 Jahren stürzte sich Marcus vom Balkon der Wohnung im 3. Stock. Er hatte am Tag vorher im Fernsehen Tarzan beim Abseilen beobachtet und wollte sich selbst abseilen. Neurologische Ausfälle wurden bei einer längeren klinischen Beobachtung nicht festgestellt. Im 5. Lebensjahr nahmen die neurotischen Symptome zu. Er schnürte zu Hause Möbel und andere große Gegenstände mit Stricken aneinander. Oft bastelte er an Türschlössern herum. Im Kindergarten war er unverträglich – Lügen, Stehlen, Kontaktlosigkeit. Wegen dieses Verhaltens kam er 8 Wochen in eine Kinderpsychiatrische Klinik. Die Diagnose: Neurotische Fehlreaktionen bei neuropathischer Grundkonstitution. Mit 7 Jahren besuchte er eine Sonderschule für lernbehinderte Kinder. Später kam er in die Grundschule und besuchte dann eine Realschule. Wegen schlechter Schulleistungen wurde er mit 15 ohne Abschluss entlassen. Er kam dann in ein Heilpädagogisches Jugendzentrum.“[182]

Zur Entwicklung der Kriminalität:
Mit noch nicht ganz 14 Jahren verletzte Marcus einen Mitschüler mit 24 Hammerschlägen auf den Kopf so schwer, dass der Junge zeitlebens ein Pflegefall bleibt. Sein Motiv: Stefan sei sein ärgster Feind gewesen, der ihn ständig wegen seiner schmächtigen Gestalt gehänselt habe. Das Strafverfahren wurde nach § 3 JGG eingestellt. In den folgenden Jahren ging Marcus nicht mehr zur Schule, sondern trieb sich in der Stadt herum, suchte Spielhallen auf und fiel durch groben Unfug auf. Er rief Feuerwehr und Notdienste ohne Grund an. Telefonieren war seine Leidenschaft. Die Telefonrechnungen betrugen bis zu 600 Mark im Monat. Wegen Missbrauches von Notrufanlagen und anderem groben Unfug wurde er 1963 zu 4 Wochen Jugendarrest verurteilt. Der Höhepunkt seiner krimi-

[182] De Boor, W.: Die kriminologische Prognose.2004, S. 72.

nellen Entwicklung war im Februar 1986. Er war in eine Spielhalle eingebrochen und wurde vom Eigentümer überrascht. Er tötete ihn mit zwei Revolverschüssen. Vom Landgericht in Köln wurde er am 22. Dezember 1986 zu acht Jahren Jugendstrafe verurteilt. § 21 StGB wurde angenommen. Marcus verbüßte zunächst 5 Jahre der Strafe, dann wurde er wegen psychischer Auffälligkeiten in eine psychiatrische Institution überwiesen. Die Prognose wurde stets als sehr ungünstig bezeichnet. Marcus H. befindet sich noch immer (2009) im Maßregelvollzug.

Hätte die Tat vom 23. Februar 1986 durch präventive Maßnahmen verhindert werden können? Ein Disziplinierungslager hätte an der Psyche von Marcus nichts ändern können. Wäre also ein dauernder Freiheitsentzug indiziert gewesen? Hätte so der Mord verhindert werden können? Der Fall Marcus H. zeigt die Grenzen präventiver Aktivitäten, selbst wenn freiheitsentziehende Maßnahmen in Zukunft leichter anzuordnen sind.

Mangels eindeutiger Symptome für eine maligne Persönlichkeitsentwicklung ist es sehr schwierig den Zeitpunkt für externe Interventionen zu bestimmen. Alle Präventionsforscher sind jedoch der Auffassung, Interventionen müssen so früh wie möglich erfolgen. Eine Expertenrunde zum Thema Prävention[183] war einhellig der Auffassung: Alles was wir zurzeit planen und prüfen steht unter dem resignierenden Motto ‚Zu spät'. Erste Beobachtungen über Prägungen im Tierreich stammen von Thomas Morus.[184] Auf einem Bauernhof in Irland beobachtete er, dass die Kücken bebrüteter Eier schlüpften und sofort der Stimme des Züchters folgten. Auf andere akustische Reize reagierten die Kücken dann nicht mehr. Das Experiment hat Konrad Lorenz, etwa 400 Jahre später, bei Graugänsen wiederholt.

---

[183] ARD-Sendung Anne Will v. 05.01.2008.

[184] Thomas Morus, 1478-1535. Britischer Staatsmann und Jurist. Er kritisierte die antipäpstliche Politik König Heinrich VIII. und wurde enthauptet.

Die Prägungsphase beim Menschen dauert länger. Der genaue zeitliche Ablauf ist noch nicht bekannt. Es wird die Auffassung vertreten, dass sie am Ende des 2. Lebensjahres abgeschlossen ist. Alle frühen Prägungen sind, was Konrad Lorenz besonders betont hat, irreversibel. Das gilt für negative wie für positive Prägungseffekte. Mit Abschluss der Phase ist das Fundament der Persönlichkeitsbildung gelegt und es beginnen dann die Lernprozesse im engeren Sinne. Sie beruhen zunächst weitgehend auf Imitation. Das Verhalten der Bezugspersonen und nicht nur ihre Sprache werden imitiert. Der französische Soziologe Gabriel Tarde[185] sieht in der Imitation ein Grundgesetz aller menschlichen Gesellschaften, mit dem Leitsatz: *La société est l'imitation.*

In der sensiblen Prägungsphase entstehen in der *Dyade* Mutter-Neonat die Eigenschaften, die für die spätere Lebensführung von größter Bedeutung sind: Empathie und Urvertrauen.

Empathie ist die Fähigkeit, sich in die Psyche anderer Menschen einfühlen zu können. Sie ist die wichtigste Voraussetzung für ein normenorientiertes Leben. Nur wer körperliche Schmerzen oder den Kummer eines anderen wegen des Verlustes geliebter Gegenstände nachempfinden kann, hat die Kraft, aggressive Antriebe (Körperverletzung oder Diebstahl wertvoller Erinnerungen) zu überwinden. Aggressivität kann schon im Kleinkindalter beobachtet werden, wenn Kinder versuchen, einem kleinen Kind das Spielzeug wegzunehmen. Empathie und Urvertrauen sind das Fundament für soziale Harmonie. Fehlt Empathie oder ist sie nur kümmerlich entwickelt, dann ist die Klage ‚Zu spät' berechtigt. Denn nach Abschluss der sensiblen Prägungsphase sind Korrekturen oder Komplettierungen nicht mehr möglich. Prävention im ursprünglichen Sinn des Begriffes ist daher nur in den frühen Stadien der Persönlichkeitsformung möglich. Eine effiziente, aggres-

[185] Tarde, G.: *Les lois de l'imitation*. 1890.

sives und später kriminelles Verhalten verhütende Präventionspolitik muss daher in den frühen Stadien der Persönlichkeitsbildung erfolgen, d. h. in den ersten zwei oder drei Kindheitsjahren.

Wenn dem Staat und der Gesellschaft Prävention wirklich wichtig ist, dann müssen die Voraussetzungen für die Entwicklung von Empathie und Urvertrauen optimal gestaltet werden. Dazu gehören großzügige finanzielle Hilfen für Familien mit geringem Einkommen, damit die Mütter nicht berufstätig werden müssen. Noch wichtiger ist jedoch die Anerkennung der Erziehungsaufgabe der Mütter, die Wertschätzung einer Arbeit, die im öffentlichen Bewusstsein meist mangels fehlender Kenntnisse von den Grundlagen der Frühpädagogik nicht so bewertet wird, wie es diese Leistung verdient. Der verächtliche Vorwurf: Was, Sie arbeiten nicht?, muss überwunden werden, wenn es um die Anerkennung der äußerst wertvollen Erziehungsarbeit der primären Bezugspersonen geht.

Die jetzt häufig geforderte Verschärfung des Jugendstrafrechtes ist eine allenfalls kosmetische Initiative. Sie dient mehr der Beruhigung der erbosten Öffentlichkeit, als der Bekämpfung der wahren Ursachen früher Kriminalität.

Allgemein schärfere Strafen für jugendliche Täter und seit neuestem die Einrichtung von Erziehungs-Camps wird von der Mehrzahl der Bevölkerung gefordert. Eine Meinungsumfrage des Kölner Stadt-Anzeigers vom 11.01.2008 ergab, dass 93% der Bevölkerung härtere Gesetze im Kampf gegen die Jugendkriminalität befürworten. Über die Hälfte der Bevölkerung sprach sich für die Einrichtung von Sicherungs-Camps aus, einer Idee, die aus Amerika zu uns herübergekommen ist. In den Camps sollen nicht nur Disziplin, Anpassung an Regeln und Achtung vor Autoritäten eingeübt werden, sondern auch das allgemeine Verständnis für die

Befolgung von Regeln, die in einer Gesellschaft alle beachten müssen. Aber auch Wissen und Allgemeinbildung sollen in den Camps gefördert werden.

Zurzeit wird von fast allen Politikern die Unterbringung von Kleinkindern in sogenannten Kinderkrippen gefordert. Für Bestrebungen dieser Art habe ich kein Verständnis. Zahlreiche Studien über Entwicklung und Fehlentwicklungen bei Säuglingen und Kleinkindern beweisen, dass die entscheidenden Impulse zur Persönlichkeitsbildung in der Dyade Mutter-Kind erfolgen und durch staatliche oder kommunale Institutionen nicht ersetzt werden können. Nur bei sehr ungünstigen sozialen Problemfamilien ist die Unterbringung in Kinderkrippen, Heimen oder in Pflegefamilien indiziert.

Fazit:

I.

Der Begriff Prävention kann nur dann benutzt werden, wenn staatliche Maßnahmen <u>vor</u> der I. registrierten Straftat eingeleitet werden. Freiheitsentzug nach der I. (schwereren) Straftat wirkt nur für die Dauer der Maßregel präventiv. Für die Dauer der Unterbringung sind Straftaten nahezu unmöglich. Der sozialpädagogische Erfolg freiheitsentziehender Maßnahmen in Kindheit und Jugend ist ungewiss.

II.

Die Androhung höherer Strafen wirkt nicht präventiv. (15 Jahre Strafe anstelle von 10 Jahren Strafe bei Tötungsdelikten.) Die Strafandrohung ist abstrakt. Ein potenzieller Täter weiß nicht, wie das Leben in einer Haftanstalt verläuft und was nur ein Jahr hinter Gittern wirklich bedeutet.

III.
Straftaten während der Haftzeit sind sehr selten. Der Fall der Justizvollzugsanstalt Siegburg (November 2006) ist eine spektakuläre Ausnahme. Drei Häftlinge hatten einen anderen Häftling zu Tode gequält und seinen Selbstmord vorgetäuscht.

IV.
Die Grundlage für die Bildung von Empathie und Urvertrauen Fundament jeder sozial intakten Lebensführung ist die These von der Notwendigkeit *maternal care* und nicht *external care* in Krippen und Heimen. Die Konstanz der primären Bezugspersonen ist eine unverzichtbare Forderung der Kleinkindpädagogik.

V.
Begangene Straftaten fordern spürbare Sanktionen. Der Begriff Prävention ist nach der I. Straftat aus sprachlogischen Gründen nicht mehr anwendbar.

VI.
Sanktionen sind Aufgabe der Justiz, Prävention ist eine gesellschaftliche Aufgabe, deren Notwendigkeit in der Öffentlichkeit und in den Medien stärker hervorgehoben werden müsste.

VII.
Die Rolle der Mütter, die zugunsten der Erziehung ihrer Kinder auf Berufstätigkeit verzichten, bedarf der besonderen Anerkennung in unserer Gesellschaft. Der erstaunte Ausruf: Wie, Sie arbeiten nicht?, sollte endgültig einer vergangenen Epoche angehören.

VIII.
Schwerpunkt der kriminologischen Forschung müssten Untersuchungen werden, die sich mit der Entwicklung der Sozial-Psyche in den ersten beiden Lebensjahren befassen. Psychologische Frühwarnsymptome müssten genauer bekanntwerden und den verantwortlichen Stellen zur Kenntnis gebracht werden.

IX.
Alle an einer effektiven Prävention beteiligten Personen sei das Buch von Langmeier und Matejĉek ‚Psychische Deprivation im Kindesalter. Kinder ohne Liebe.' (1973) empfohlen. Ohne Sachkunde ist Prävention zum Scheitern verurteilt.

Weiterführende Literatur:

Meves, Chr.: Erziehen lernen. 2000. 14. Aufl.
Eltern ABC. 2002. 4. Aufl.
Geheimnis Gehirn. 2008. 2. Aufl.

XVIII. Kapitel

Die Justiz im Kampf gegen das Böse.

Kern der Strafjustiz ist das ‚Strafen'. Die Strafe ist die Rechtsfolge einer Handlung, die das Gesetz mit Strafe bedroht.

Belohnungen *sensu strictiori* sind im System der Strafe nicht vorgesehen. Jedoch gibt es einige Ausnahmen, die bei extensiver Auslegung des Begriffes ‚Belohnung' als Belohnung bezeichnet werden können. Bei guter Führung im Strafvollzug kann es Vergünstigungen geben (z.B. Ausgang, kurze Beurlaubungen).

Auch die vorzeitige Entlassung auf Bewährung nach Verbüßen von 2/3 der Strafe kann bei günstiger Legalprognose als eine Art ‚Belohnung' für Wohlverhalten im Vollzug beurteilt werden (§ 57 StGB).

Eine faktische Belohnung ist die Umwandlung einer Freiheitsstrafe in eine Geldstrafe. Physisch ist die Zahlung einer Geldstrafe leichter zu ertragen, als das Übel des Freiheitsentzuges durch das triste Leben im Knast.

Zur Begründung des Strafens: Die Unterscheidung zwischen General- und Spezialprävention.

Zur Generalprävention:
Das Strafgesetzbuch (StGB) droht allen Bürgern Strafen an, wenn sie eine mit Strafe bewehrte Tat ausführen. Aber auch der Versuch ohne Eintritt des Erfolges ist strafbar (§ 22 StGB), wenn es sich um ein Verbrechen handelt.

Der Nutzen der Generalprävention ist mit empirischen Methoden nicht zu erforschen. Die Kriminalstatistik weist etwa 6 Millionen Straftaten pro Jahr aus. Millionen lassen sich also durch die Strafandrohung nicht abschrecken. Im 19. Jahrhundert hat der belgische Statistiker Alphons Quételet das nach ihm benannte Gesetz erarbeitet: Die Anzahl der Straftaten in einer Population ist Jahr für Jahr annähernd gleich. Nur in Zeiten der Anomie (Durkheim) also in Kriegszeiten, bei Seuchen und während einer Hungersnot steigt die Zahl der Verbrechen an.

Wie viele Taten unterlassen werden, weil der potenzielle Täter vorher das Strafgesetzbuch studiert und dann angesichts der angedrohten Strafe sagt: Ich lasse das lieber, die Zahl solcher Vorfälle ist unbekannt und mit empirischen Methoden auch nicht zu eruieren.

Staatsanwälte und Richter greifen sehr oft auf den Strafzweck Generalprävention zurück, um in einem konkreten Fall eine höhere Strafe zu begründen, als es bei Straftaten dieser Art üblich ist. Eine relativ hohe Strafe lässt sich gut mit dem Begriff ‚Generalprävention‘ begründen. Der Strafrahmen mancher Gesetze ist außerordentlich groß.

Zur Spezialprävention:
Der Zwangsaufenthalt in einer Justizvollzugsanstalt ist für einen normativ ansprechbaren Menschen eine bedrückende Vorstellung. Nach Besuchen im Gefängnis erlebte ich oft, dass die Teilnehmer an der Exkursion sichtlich beeindruckt und deprimiert waren. Das empfindliche Übel der Freiheitsstrafe wird von robusten Naturen relativ gut überstanden. Der Mensch gewöhnt sich auch an ungewöhnliche Lebensbedingungen. Allenfalls der Verzicht auf Alkohol und Geschlechtsverkehr wird als Übel empfunden. Das Verbot von Alkohol in den Justizvollzugsanstalten wird jedoch eher lasch

gehandhabt. Bei einem Besuch eines Untersuchungsgefangenen in der JVA Werl kam das Gespräch auch auf die Entbehrung von Alkoholika. Vergnügt lächelnd sagte der Gefangene: „Das ist hier ganz einfach! Wenn Sie wollen, bringe ich Ihnen bei Ihrem nächsten Besuch eine Flasche Weinbrand mit."

Zweck, Ziel und ethische Begründung des Vollzuges einer Freiheitsstrafe ist zuallererst der Schutz der Allgemeinheit vor diesem konkreten Täter. Je länger die Strafhaft dauert, desto effizienter ist der Schutz der Bürger. In der publikumswirksamen Aufforderung des ehemaligen Bundeskanzlers Gerhard Schröder an die Justiz: ‚Wegsperren für immer!'[186], ist – spezialpräventiv gesehen – ein unbestreitbares Faktum enthalten: Die durch staatliche Mittel unbeeinflussbare sexuelle Devianz dieser Täter bleibt möglichst lange ohne konkrete Folgen.

Die popularistische Devise von Schröder erfährt aber durch den Verhältnismäßigkeitsgrundsatz des Grundgesetzes eine eindeutige Absage.[187] Die Strafe muss in angemessenem Verhältnis zur Schuld des Täters stehen. Der potenziellen Gefährlichkeit eines Triebtäters wird zur Zeit nur durch die Höhe der Strafe, durch die Ausschöpfung des Strafrahmens Rechnung getragen.

Neuerdings sind jedoch Bestrebungen im Gang, auch nach Rechtskraft eines Urteils, sichernde Maßnahmen anzuordnen, wenn sich die Gefährlichkeit des Täters erst im Vollzug ergibt. Das Prinzip *ne bis in idem* würde durch solche Regelungen, etwa die Anordnung der Sicherungsverwahrung während der Strafverbüßung außer Kraft gesetzt.

Die Gefährlichkeit eines Trieb- oder Hangtäters sollte und könnte

---

[186] Diese Forderung galt nur für Sexualstraftäter.

[187] Er ist im Art. 2 des Grundgesetzes nicht wörtlich enthalten, wird jedoch aus dem Rechtstaatsprinzip (Art. 20 GG) abgeleitet.
Schmidt-Bleibtreu, B. + Klein, F.: Kommentar zum Grundgesetz. 1977[4], S. 147.

bereits vor und in der Hauptverhandlung durch Zuziehung von forensischen Sachverständigen erkannt werden.

Außer dem Schutz der Allgemeinheit vor Straftätern gibt es seit einigen Jahrzehnten einen weiteren Grund für die Verbüßung von Freiheitsstrafen. Die Zeit in der Haft soll den Täter ‚bessern', ihn resozialisieren. Das Resozialisierungsprinzip hat sogar Verfassungsrang erreicht. Die Resozialisierungsideologen gehen allerdings von der irrigen Vorstellung aus, dass man (wer?) einen erwachsenen Menschen mit kriminellen Neigungen bessern kann. Die Besserungsideologie ist nach dem II. Weltkrieg aus den USA nach Europa gekommen. Empirisch ist diese als human beurteilte Ideologie jedoch zum Scheitern verurteilt.
In einer Studie „Sozialer Infantilismus"[188] habe ich versucht zu erklären, warum Wiederholungstäter in der Regel nicht zu ‚bessern' sind. Es sind 14 Merkmale, die ich bei Untersuchungen von Rezidivisten festgestellt habe:

1. Persistenz des Lustprinzips über dem Realitätsprinzip
2. Die Normeninternalisierung
3. Die Strukturschranke
4. Defizite in den 4 anthropologischen Essenzialen (‚Sein', ‚Haben', ‚Gelten' und ‚Lieben')
5. Sozialer Autismus
6. Frustrationsintoleranz
7. Fehlende oder diffuse Intentionalität
8. Fehlendes Sozialgewissen
9. Abstraktionsschwäche und fehlende soziale Lernfähigkeit
10. Die sozio-vitale Indolenz
11. Seelische Regressionsphänomene
12. Integrationsprobleme

[188] de Boor, W.: Sozialer Infantilismus. Ursachen der Kriminalität. Hilden, 1991.

13. Identitätsdefekte – Identitätskrisen
14. Das Normenorgan i.S. von Edward Bibring

Die kriminologische Prognose ist immer ungünstig wenn die beschriebenen Merkmale – vollständig oder auch nur partiell – nachweisbar sind.

Forensisch erfahrene Gutachter können bei eingehenden Untersuchungen vor der Haupthandlung feststellen, ob Merkmale dieser Art vorhanden sind oder nicht. Die Erkenntnisse können im Urteil berücksichtigt werden. Die Strafzumessung ist jedoch – besonders bei großem Strafrahmen – eine Aufgabe, für die es keine allgemein anerkannte Methode gibt, um die richtige (gerechte) Strafe zu finden.
Eine Staatsanwältin in Hagen sagte mir vor Jahren, als ich sie in einer Verhandlungspause fragte: Wie begründen Sie denn den Strafantrag, den Sie nun stellen werden? Sie antwortete kühl: „Das mache ich aus der Tiefe des Bauches!" Diese Information über die Methode der Strafzumessung hat mich sehr beeindruckt und Zweifel an der Rationalität der Strafzumessung geweckt.

Die sogenannte Punktstrafe, d. h. die gesetzlich vorgesehene Sanktion auf die Straftat ist insofern gerechter als viszeral begründete Strafanträge. Die Gerichte urteilen jedoch bei der Strafzumessung (§ 26 StGB) überwiegend mit zerebralen Methoden.

Eine tiefgreifende Veränderung im System der Sanktionen hat 1969 das 2. Gesetz zur Reform des Strafrechts gebracht. Die Reform betrifft neben der Streichung einiger Paragrafen (§§ 172, 175, 175b, u.a.) vor allem das Problem der strafrechtlichen Verantwortlichkeit, jetzt ‚Schuldfähigkeit' genannt. Die aus psychiatrisch-forensischer Sicht fragwürdige Neuerung war die Einführung des Begriffes, der

„anderen schweren seelischen Abartigkeit“ in die Texte der §§ 20 und 21 StGB (früher § 51 Abs. 1 u. 2).

Bis 1970 kamen die Gerichte mit der seit 1871 gültigen Formulierung der Schuldausschließungsgründe aus medizinischen Ursachen (§ 51 StGB) gut zurecht. Die Ursachen für die Annahme der Voraussetzungen zur Anwendung des § 51 StGB waren mit den Methoden der forensischen Psychiatrie sachlich zutreffend zu erkennen und zu benennen. Die Begriffe ‚Psychopathie‘ und ‚Neurose‘ zur Kennzeichnung einer nicht krankheitsbedingten Abnormität hatten sich bewährt. Aber die Resozialisierungsideologen, Juristen, Psychologen und vereinzelt auch Psychiater suchten nach neuen Betätigungsfeldern. So wurde die „andere schwere seelische Abartigkeit“ erfunden, ein Oberbegriff, der sich als ‚Persönlichkeitsstörung‘ bei Juristen und Psychologen großer Beliebtheit erfreut. Eine Persönlichkeitsstörung ist leicht zu konstruieren. Denn es handelt sich nicht um einen wissenschaftlich-systematischen Begriff, sondern um eine Etikettierung, die nicht nur vom Wissensstand, sondern auch vom Weltbild des etikettierenden Arztes oder Psychologen abhängig ist. ‚Persönlichkeitsstörung‘ ist keine Diagnose, sondern ein *Label*, das dem Menschen angeheftet wird, in dessen Vita der Gutachter Züge fand, die ihm nicht zum normalen Seelenleben zu gehören scheinen.
Bei einem Besuch in der Maßregelvollzugsanstalt Bedburg-Hau sprach ich im Dezember 2001 mit dem leitenden Arzt einer Abteilung des Maßregelvollzuges. Ich fragte ihn nach den Diagnosen der dort untergebrachten 21 Patienten. Es waren 21 Männer verschiedenen Alters. 20 trugen das Etikett ‚Persönlichkeitsstörung‘. Nur bei einem einzigen Patienten war eine medizinisch vertretbare Diagnose gestellt worden: Defekt-Schizophrenie.

An einem ‚Persönlichkeitsgestörten‘ wird man im Maßregelvollzug nicht viel ändern können. Denn es handelt sich überwiegend um Störungen, die auf den Anlagen des Untergebrachten oder auf einer verfehlten Sozialisation beruhen. Störungen dieser Art sind, wenn es sich um eine Psychopathie handelt, meist irreversibel. Bei Neurosen ist die Prognose günstiger. Neurosen sind nicht angeboren, sie entstehen im Lauf der Jahre infolge traumatisierender Erlebnisse oder schwerer psychischer Konflikte.

Aufgrund meiner forensischen Erfahrungen, die ich in fast 6 Jahrzehnten gerichtsärztlicher Tätigkeit erworben habe, halte ich die Einrichtung von besonderen Instituten für den Vollzug von Maßregeln (§ 61 StGB) auch aus Gründen der wissenschaftlich-psychiatrischer Systematik für nicht indiziert.

De lege ferenda sollte eindeutig geklärt werden, dass psychisch kranke Straftäter in psychiatrische Kliniken gehören, während die ‚Persönlichkeitsgestörten' in den normalen Vollzug gehören, in dem man besondere Abteilungen für schwer gestörte Kriminelle einrichten könnte. Die von einigen Ideologen befürwortete Einrichtung spezieller Sozialtherapeutischer Anstalten ist – nicht nur aus fiskalischen Gründen – gescheitert.

Abschließend sollen einige Anmerkungen zur Todesstrafe erfolgen, die in der Bundesrepublik Deutschland seit 1949 abgeschafft ist (Art. 102 GG).

Von der Bevölkerung wird die Todesstrafe als Sanktion für den sexuellen Missbrauch von Kindern und Ermordung der Opfer häufig gefordert. Der Prozentsatz der Todesstrafeanhänger in der Bevölkerung ist unbekannt.

Ich bin gegen die Wiedereinführung der Todesstrafe aus zwei Gründen:

I. Der Dekalog verbietet im 5. Gebot das Töten.

II. Kein Staat ist ethisch dazu legitimiert, seine Beamte oder Angestellte zu beauftragen, einen Menschen zu töten.

Zusammenfassung:
Strafen sind ein in jeder Gesellschaft notwendiges Mittel, um Kriminalität soweit wie möglich, zu verhüten. Der Präventionsgedanke sollte vorrangig sein und bei der Erziehung in den entscheidenden Prägejahren an I. Stelle stehen. Es geht um die Entwicklung von psychischen Funktionen, die man zusammenfassend als Empathie und Urvertrauen bezeichnen kann. Empathie, das ist das Mitgefühl mit den Empfindungen anderer Menschen, unserer ‚Nächsten'. Sie bildet das Fundament eines störungsfreien oder störungsarmen Sozialverhaltens, in dem die Würde des Mitmenschen nicht angetastet wird. .[189]

Die Fähigkeit zur Empathie kann nie von staatlichen oder kommunalen Bediensteten, sondern nur von einer liebevollen Mutter oder einer anderen konstanten Bezugsperson entwickelt und gefördert werden.

[189] Einzelheiten zur frühkindlichen Pädagogik in: de Boor, W.: Kinderkriminalität. Chancen einer grundlegenden Prävention. Lengerich. 2002.

XIX. Kapitel

Schlusskapitel

Das ‚Böse' fasziniert uns, das ‚Gute' langweilt. Die Medien kennen den Geschmack des Publikums. Jeden Tag flimmern Kriminalfilme über die Sender, Verbrechen werden – je schlimmer desto besser – genüsslich kommentiert. Das Gute, wenn es selten genug gezeigt wird, muss sich mit einer Aschenputtelrolle begnügen.

Hitler, intuitiver Kenner der Massenpsyche, hat das Faszinans des Bösen, Brutalität und Gewalt schon in den ersten Jahren der Kampfzeit nach 1922 erkannt und seine Schlägerkommandos nicht diszipliniert, sondern zu rücksichtslosem Eindreschen auf politische Gegner aufgestachelt. Nach Gewaltexzessen in Wahlveranstaltungen hatten sich viele der verprügelten Opfer zum Eintritt in die SA oder NSDAP gemeldet. In einem 1932 auf dem Obersalzberg geführten Gespräch mit dem Danziger Senatspräsidenten Hermann Rauschning sagte Hitler: „Wir müssen grausam sein. Wir müssen das gute Gewissen zur Grausamkeit wiedergewinnen. Nur so können wir unserem Volk die Weichmütigkeit und sentimentale Philistrosität austreiben, diese Gemütlichkeit und Dämmerschoppenseligkeit."[190]

Über den Ursprung des Bösen haben nicht nur Theologen und Philosophen nachgedacht. Auch schlichte, gläubige Christen fragen: Wie kommt das Böse in unsere Welt, eine Welt, die von Gott erschaffen wurde und alles was Gott schuf ist doch gut? Fragen dieser Art kann niemand beantworten.

---

[190] Fest, J.: Hitler. 1973. S. 477

In einem der ältesten Dokumente der Menschheitsgeschichte, der Bibel, findet man in der Genesis das Urteil Gottes über seine Schöpfung. Er bewertete sein Werk als ‚gut', ja sogar als ‚sehr gut'.[191]

In der Bibel ist über die erste Begegnung der Menschen mit einem Phänomen, das von vielen als Ursprung des Bösen angesehen wird, Folgendes zu lesen: Im Anfang lebten Adam und Eva, die Prototypen der Menschheit, glücklich und ohne Sünde im Paradies. Gott hatte ihnen nur verboten, von den Früchten des Baumes der Erkenntnis zu essen. Sie gehorchten. Aber dann kam die Schlange[192] und verführte Eva das Gebot Gottes zu übertreten: ‚*Eritis sicut Deus scientes bonum et malum*'[193] versprach ihr die Schlange. Eva aß von der verbotenen Frucht und ließ auch Adam davon kosten. Die harte Strafe folgte unmittelbar - Adam und Eva wurden aus dem Paradies vertrieben und mussten auf der Erde ihr Leben mit harter Arbeit fristen.

Mit dem Ungehorsam gegen Gottes Gebot war das Böse aber noch nicht in der Welt. Adam und Eva haben niemand durch ihr Verhalten Schaden zugefügt. Aber Luzifer, der gefallene Engel und Widersacher Gottes hatte in der Schlange Gestalt angenommen und seinen I. Auftritt in der Weltgeschichte. Die Schlange mutierte später zum Teufel. Mit dem Eintritt des Teufels in die Weltgeschichte war der Ursprung des Bösen für anspruchslose Denker geklärt. Ungeklärt bleibt allerdings die Frage, warum sich ein Engel im transempirischen Imperium Gottes entschlossen hat, von Gott abzufallen, ihn zu bekämpfen und die Schöpfung zu ruinieren? Die Frage ist unbeantwortbar. Mit dem Begriff des Teufels ist ein di-

---

[191] I. Buch Mose. Genesis, Vers 10 ff.

[192] Sie wurde Symbol des Teufels.

[193] = Ihr werdet sein wie Gott und wissen, was gut und böse ist.

alektisches Prinzip in die Wirklichkeit der Welt gekommen: Der Teufel als Widerpart Gottes.

Die Interpretation des Bösen als Werk des Teufels kann kritischen, wissenschaftlich geprägten Menschen nicht genügen. Der Ansatz, den Ursprung des Bösen in Luzifer, einem gefallenen Engel zu sehen, muss als gescheitert angesehen werden. Denn etwas Böses, Sündhaftes hat den Engel bewogen, von Gott abzufallen, in das Paradies einzudringen und Eva zu verführen. Das Böse als ontologische Entität war also vor dem Sündenfall des Engels Luzifer existent. Selbst wenn man annimmt, dass es ein autonom entstandener Einfall des Engels war, von Gott abzufallen, die Schöpfung zu ruinieren und Gottes Macht an sich zu reißen, kann der so folgenschwere Einfall des Engels nicht aus dem ‚Nichts' entstanden sein. War das Böse als kausales Prinzip also schon vor dem Sündenfall Luzifers existent? Wie ist es entstanden? Wurde das Prinzip Böse erschaffen oder war das Böse wie Gott seit Ewigkeiten existent? Niemand kann diese Fragen beantworten.

Als dialektisches Prinzip, als Widersacher Gottes ist die Erfindung des Teufels vortrefflich geeignet, das Böse auf der Erde zu erklären. Es ist aber keine überzeugende Erklärung. Die Entstehung des Einfalles des Engels vom obersten Herrn der Heerscharen abzufallen, ist und bleibt ein Rätsel.

Die Genese des Bösen und das Faszinosum des Bösen ist unserer Erkenntnis für immer verschlossen.

Wenn man sich als forensischer Gutachter Jahrzehnte mit der Tatsache befasst hat, dass Menschen Dinge tun, die traditionell als ‚Böse' bezeichnet werden, dann muss man sich Gedanken darüber machen, warum es gute und böse Menschen gibt. Die Ursachen für dieses Faktum sind unbekannt. Es gibt allerdings für viele Tatsachen keine befriedigende Erklärung. So ist auch die Genese des Kosmos unbekannt. Zur Entstehung des oder der Universen wird von Kosmologen z. Zt. ein ‚Urknall' als *causa* angenommen. Die Apologeten der Urknallhypothese müssen sich jedoch die Frage gefallen lassen, woher das Material stammt, das Voraussetzung für einen ‚Knall' ist? Ohne knallfähige Materie kann es keinen Knall geben. Das lernt jeder Tertianer im Chemieunterricht. Die Genese der für einen ‚Knall' notwendigen Materie ist absolut unbekannt. Ist die Materie – wie Gott – ewig oder hat Gott die Urmaterie zu einem unbekannten Zeitpunkt erschaffen?

Nicht nur der Teufel, auch andere extraterrestrische Mächte (z. B. Dämonen) werden von mir als *causa* für das Böse abgelehnt. Daher begann ich nach anderen Entstehungsmodi für das Böse zu suchen. Als naturwissenschaftlich geprägter Arzt sehe ich die notwendige Voraussetzung für das Handeln der Menschen in einem intakten Gehirn. Ein *Anencephalus*[194] kann nicht handeln, sondern nur vegetieren.

Die Genese einer Handlung vom ersten Gedanken bis zur Ausführung der geplanten Tat kann nicht unmittelbar beobachtet werden. Fremdes Seelenleben bleibt im Prinzip unerkennbar. Daher sind zum Verständnis der Tatsache, dass und wie Menschen handeln, Theorien erforderlich. Meine Bemühungen, das Böse zu erklären und vielleicht sogar zu verstehen, beruhen auf zwei Theorien:

I. Die Engrammtheorie von Richard Semon[195].
II. Das Triadenkonzept des kanadischen Neurologen Paul MacLean[196].

---

194 = ein Lebewesen, das ohne funktionstüchtiges Gehirn geboren wird, also nur vegetiert und nicht den Status eines *animal rationale* erreicht.

195 Semon, R.: Die *Mneme*. 1904.

196 MacLean, Paul T.:*A Triune Concept of the Brain and Behaviour*. Toronto. 1973.

Zu I.

Richard Semon, Professor für Zoologie in Jena hat aufgrund biologischer Beobachtungen die These entwickelt, dass alle Lebewesen nach der Geburt externe Reize[197] aufnehmen und speichern. Im Lauf des Lebens sammeln sich im neuronalen Engrammspeicher Millionen *Stimuli* an. Die Speicherung der *Stimuli* ist irreversibel, sie werden nie ausgelöscht. In der sensiblen Prägungsphase nach der Geburt erfolgt die Thesaurierung der Reize, die den künftigen Lebensweg determinieren. Die sensible Prägungsphase ist von Konrad Lorenz an Graugänsen beobachtet worden. Nach dem Schlüpfen werden die Kücken sofort von der Stimme ihrer Mutter oder von der Stimme einer anderen Person, z.B. des Experimentators, für das ganze Leben geprägt. Das Phänomen Prägung hat Thomas Morus[198], ein englischer Staatsmann, bei irischen Bauern beobachtet und in der ‚Utopia' mitgeteilt.

Das Phänomen Prägung durch eine Stimme war aber schon zur Zeit der Niederschrift des Neuen Testaments bekannt. Im Johannes Evangelium heisst es: „Der Türhüter macht dem Hirt der Schafe die Tür zum Schafstall auf und die Schafe hören die Stimme des Hirten und er ruft seine Schafe mit Namen und führt sie hinaus. Und wenn er alle seine Schafe hinaus gelassen hat, geht er vor ihnen her und die Schafe folgen ihm nach, denn sie kennen seine Stimme. Einem Fremden folgen sie nicht nach, sondern fliehen vor ihm, denn sie kennen die Stimme des Fremden nicht."[199]

Die sensible Prägungsphase ist bei Menschen länger als im Tierreich. Aber bei Mensch und Tier sind die Prägungen irreversibel.

---

197 Akustische, optische, thermische, olfaktorische, gustatorische und psychische Reize.

198 Thomas Morus (1478-1535). Er kritisierte die antipäpstliche Politik von König Heinrich VIII. und wurde enthauptet.

199 Johannes Ev. 10, 1 ff.

„Das wichtigste Charakteristikum der Prägung ist Irreversibilität."[200]

Hinsichtlich der Qualität der *Stimuli* kann man zwischen negativen, positiven und sozial-ethisch neutralen *Stimuli* unterscheiden.[201] Überwiegen in der Prägungsphasen negative Faktoren – physische und psychische Vernachlässigung, Schimpfen, Schläge, Angsterregung u.a.m. – füllt sich der Engrammspeicher mit Material, das das Verhalten des Kindes ungünstig beeinflusst.

Negatives Material im Engrammspeicher ist für das Verhalten eines Kleinkindes zunächst ohne Bedeutung. Denn mangels motorischer Kraft ist das Kind nicht in der Lage, aggressive Impulse zu realisieren. Entscheidende Bedeutung für das Verhalten erhält der Inhalt des Engrammspeichers erst viel später in Situationen *ante actum*.

Am fiktiven Fall eines Mordes soll später gezeigt werden, wie die zerebralen Funktionen verlaufen, die kausal für ein *Crimen* sind oder es sein könnten.

II.

Der kanadische Neurologe MacLean hat Bau und Funktion des Gehirns triadisch gegliedert:

a) das *Archencephalon* (Urhirn, Stammhirn, Reptilhirn)
b) das *Mesencephalon* (limbisches System)
c) *Cortex* (die Großhirnrinde, der evolutionsbiologisch jüngste Teil des Gehirns.)

---

[200] Lorenz, K.: Vergleichende Verhaltensforschung. 1978, S. 222.

[201] Neutrale *Stimuli* sind für adiaphorisches Verhalten kausal. (Zur *Adiaphorie* s. II. Kapitel).

Zu a)
Im *Archencephalon,* das wir als stammesgeschichtliches Erbe gemeinsam mit den Säugetieren haben, entsteht die Energie, die zur Realisierung einer Handlung erforderlich ist.

Zu b)
Im limbischen System wird die Quelle der Emotionen vermutet, die unser Handeln begleiten. Für das Gelingen zwischenmenschlicher Beziehungen ist es unverzichtbar, dass wir die Fähigkeit haben, uns in die seelische Verfassung unserer Mitmenschen einzufühlen. Jede belangvolle Handlung wird von Empathiegefühlen begleitet. Ist das Mitgefühl genügend stark, kann es *ante actum* die Verwirklichung aggressiver Impulse hemmen oder ganz verhindern.

Zu c)
In der Großhirnrinde sind die kognitiven Akte, Denken und kritisches Werten lokalisiert. Alle Inhalte unseres Bewusstseins beruhen auf der kognitiven Fähigkeit des Gehirns.
An einem Denkmodell sollen die zerebralen Prozesse deutlich werden, die bei einem – fiktiven – Tötungsakt den Inhalt des Bewusstseins des Täters *ante actum et in actu* bilden.

Peter M. (35), Installateur vermutet seit Monaten, dass seine Frau Hilde ihn betrügt. Missgestimmt sitzt er am Frühstückstisch. Hilde ist nicht zu Hause. Aus seinem Engrammspeicher – jeder hat schon davon gehört oder gelesen, dass eifersüchtige Männer die ungetreue Frau oder den Rivalen töten – schießt plötzlich der Gedanke in sein Bewusstsein: Töte die ungetreue Frau! Aus dem Engrammspeicher kommen sofort, je nach Qualität des Inhalts, heftige oder schwächliche Gegenvorstellungen, die den Aggressionsimpuls verstärken, abschwächen oder ganz eliminieren. Überwiegen die negativen Engramme, dann wird aus der ursprünglichen Tötungsanmutung der Tötungsentschluss.

Mitbestimmend für Handeln oder Unterlassen eines Verbrechens ist der Einfluss des limbischen Systems. Ausgeprägte Empathie, das Mitgefühl mit dem Opfer, kann die Tat noch verhindern. Eine Hypofunktion des Empathievermögens würde mitkausal für die Verwirklichung des Tötungsimpulses. Ist die empathiebedingte Hemmung zu schwach und dominieren negative Speicherinhalte, dann kann nichts mehr die Tat verhindern, es sei denn die überraschende Ankunft eines Zeugen.

Die Energie für den motorischen Teil der Aggression stammt – wie bei allen aggressiven Akten – aus dem *Archencephalon*, dem Urhirn, das MacLean auch ‚Reptilhirn' genannt hat. Aus dem Urhirn kommen die großen Energiemengen, die zur Durchführung blutiger Taten notwendig sind. Das Energiebedürfnis für gute Taten (z. B. Almosen spenden) ist vergleichsweise gering.

Geht man von der Annahme aus, dass diese Beschreibung der somatischen und psychischen Vorgänge *ante actum et in actu* richtig ist, sich also mit den realen Vorgängen im Gehirn deckt, dann geraten die Anhänger einer moralischen oder juristischen Schuldtheorie in Schwierigkeiten. Denn nicht der ‚freie Wille', sondern der Inhalt des Engrammspeichers und das Funktionieren des limbischen System entscheiden, ob getötet wird oder nicht. Ist aber der Mensch für den Inhalt seines Engrammspeichers verantwortlich? Ist der Mensch für die Hypofunktion des limbischen Systems, für die defizitäre Empathiebildung verantwortlich? Nein! Denn die Rezeption biografischer *Stimuli* im neuronalen Speicher ist eine Leistung des Organismus, die die Person nicht beeinflussen kann. So wäre die Entscheidung, den eigenen Lebensstil total zu ändern – z.B. nicht mehr zu saufen, zu rauchen, zu faulenzen, herumzuhuren – nicht das Ergebnis des ‚freien Willens', sondern das Resultat der Inhalte, die aus dem Engrammspeicher in das Bewusstsein strömen. Biographisch bedeutsame Entscheidungen kommen ebenso wie banale Alltagsentscheidungen nicht aus dem ‚Nichts', sondern aus dem Speicher, in dem alle *Stimuli* von der Geburt bis zum Tag der Entscheidung thesauriert sind.

Zur Empathie:
Auf die Fähigkeit im limbischen System Emotionen – z.B. Empathie – zu bilden, hat der Mensch keinen Einfluss. Die Fähigkeit zum Mitgefühl bildet sich in der sensiblen Prägungsphase durch Einflüsse aus der unmittelbaren Umwelt. Eine aktive Mitwirkung an der Bildung dieser für das soziale Zusammenleben so wichtigen Funktion ist unmöglich. Die Hypofunktion des Vermögens Empathie zu bilden ist ebenso wenig vorwerfbar, wie die Füllung des Engrammspeichers mit negativem Material. Die Tatsache einer normenwidrigen (‚bösen') Entscheidung kann daher wenn die angeführten Hypothesen ausreichend zu begründen sind, dem handelnden Menschen nicht schuldhaft, als personaler Akt zugerechnet werden. Das uralte, in der Praxis bewährte Schuldstrafrecht, kann nur mit der Tatsache verteidigt werden, dass sich physisch und psychisch gesunde Menschen ‚willensfrei' fühlen. Ein strafrechtlicher Schuldvorwurf kann ferner mit der These begründet werden, dass gesellschaftliche Systeme nur funktionieren, wenn jedes Mitglied der Gesellschaft für sein Handeln und Unterlassen verantwortlich ist.

So gesehen ist auch das Unterlassen einer bösen Tat kein moralisches Verdienst der Person, sondern das Resultat zerebraler Prozesse, auf die der Handelnde oder Unterlassende keinen Einfluss hat.

Der bedeutende Strafrechtslehrer Eduard Kohlrausch hat das Postulat der Willensfreiheit 1905 mit folgendem Satz unwiderlegbar begründet: „Willensfreiheit ist eine staatsnotwendige Fiktion."[202]

---

[202] Kohlrausch, E.: Der Kampf der Kriminalistenschulen im Lichte des Falles Dippold. Monatsschrift für Kriminalpsychologie und Strafrechtsreform. 1, 16-25. 1905.

Zu den zeitlosen Problemen religionswissenschaftlicher Forschung gehört die Frage, ob im Weltall ein monistisches oder dualistisches Prinzip herrscht. Dualisten nehmen zwei Mächte an, die sich bekämpfen: Gott und Teufel, Gut und Böse, Licht und Finsternis, Materie und Geist. Zu den dualistischen Religionen oder Weltanschauungen gehören: der Parsismus (Zoroastrismus), Manichäismus und Platonismus.

Zum Monismus:
Erde, Kosmos und Universen sind als eine Einheit zu denken, die von einem Schöpfer (Gott) erschaffen wurde. Am Begriffspaar ‚Gut' und ‚Böse' kann das Einheitsprinzip erläutert werden. Alle Menschen haben einen aus dem Ideenspeicher Gottes stammenden Körperbau und identische physiologische Funktionen. Ob sie gut oder böse handeln hängt vom Inhalt des Engrammspeichers, von der Funktion des limbischen Systems und von der Energiebildung im *Archencephalon* ab. Alle Engramme stammen aus der Umwelt, die das neugeborene Kind bis zum Tod umgibt. Bau und Funktion des menschlichen Körpers sind ebenso wie die prägende Umwelt – Menschen, Natur und Sachen – Bestandteil der Schöpfung. Das monistische Leitprinzip beruht auf der Gewissheit, dass die Welt nicht aus dem ‚Nichts' entstanden ist, sondern das Werk Gottes, des *creator caeli et terrae, visibilium omnium et invisibilium* ist. Daher ist alles, was im monistischem System vertreten ist für gläubige Menschen Gottes Schöpfung. Die von den Dualisten postulierten – absoluten Gegensätze – wie Gut und Böse, sind als Teilphänomene der Schöpfung in das Ganze integriert, das mit dem Begriff *creatio* bezeichnet wird. In der *creatio* ist vollzogen, was Nikolaus von Kues als *coincidentia oppositorum* bezeichnet hat. Die sich logisch ausschließenden Leitbegriffe dualistischer Systeme sind im Begriff der *creatio Dei* zu einer Einheit verschmolzen.

Gut und Böse sind wie sterblich – unsterblich oder lebendig – tot, dichotomische Begriffe, absolute *Opposita*.[203] Die *coincidentia oppositorum*[204], die Auflösung der Gegensätze, wird es hienieden nicht geben. Sie geschieht am Ende der irdischen Zeit. Daher bleibt nur die herbe Einsicht, dass wir mit dem Bösen, aber auch mit dem Guten leben müssen. Wir Menschen *Scientes bonum et malum* müssen uns, jeder nach seiner Fasson, mit der Tatsache arrangieren, dass das Böse die Welt zu dominieren scheint, das Gute jedoch von uns erkannt und getan werden kann.

In der Woche nach dem zweiten Fastensonntag des Jahres 2008, zwei Tage vor meinem 91. Geburtstag, konnte ich die Studie ‚Das Böse' abschließen. In der Lesung vom Tage belehrt uns der Prophet Jeremias: Böse ist der Menschen Herzen, mehr als alles und unerforschlich, wer wird es durchschauen?[205]

Anmerkungen:

I. Sind Steuerhinterzieher böse?

Fast alle Politiker beteuern lautstark, dass Steuerhinterziehung kein Kavaliersdelikt sei, sondern hart bestraft werden müsste. Auch der Staat sieht in der Steuerhinterziehung ein schweres Delikt, dass mit Freiheitsstrafen bis zu 5 Jahren oder Geldstrafen geahndet wird (§ 370 StGB). Sogar der Versuch ist strafbar. Systemwidrig ist allerdings § 371 StGB: Die strafbefreiende Selbstanzeige bei Steuerhinterziehung. Selbstanzeige mit strafbefreiender Wirkung gibt es nur im Steuerstrafrecht. Selbstanzeige bei Diebstahl, Betrug, Untreue und anderen Eigentumsdelikten hat keine strafbefreiende Wirkung.

Die *Ratio legis* der Steuerstrafgesetze ist jedem klar: Der Staat braucht Geld, um seine vielfältigen Gemeinschaftsaufgaben erfüllen zu können. § 371 StGB ist ein pragmatisch-vernünftiges Ge-

[203] Dichotomie: Die Zerschneidung in zwei Teile.

[204] Nikolaus von Kues.

[205] Jeremias 17,5.

setz. Auf Strafprozesse gegen Steuersünder verzichtet der Staat. Durch Bußgelder und nachzuzahlende Zinsen fließen Millionen ohne besonderen administrativen Aufwand in die Staatskassen. Ob die in den Oasen geparkten Millionenbeträge zurückgeholt werden oder nicht, bleibt eine Entscheidung der Eigentümer.
Die im Zusammenhang mit dem Leitthema ‚Das Böse' auftretende Frage: Sind Steuersünder böse im Sinne unserer Definition[206], muss verneint werden, wenn unsere Definition der Schädigung einer oder mehrerer Personen in physischer, psychischer oder materieller Hinsicht richtig ist. Durch Steuerdelikte wird kein Mensch direkt geschädigt. Den Schaden hat nur ein *Abstraktum*, der Staat. Daher sind Steuerdelikte, besonders die Hinterziehung von Zinsen in Millionenhöhe keine Kavaliersdelikte, sondern eine Straftat, aber kein Indiz für Böses. Der moralische Aufschrei so vieler Menschen nach den Enthüllungen vom Februar 2008 ist eine verständliche Reaktion der braven Steuerzahler. Im Reich des ‚Bösen' wird man diese Delinquenten vergebens suchen, denn Habgier ist zwar Sünde, aber keine kriminelle Eigenschaft, wenn sie durch legales Anhäufen von materiellen Werten befriedigt wird. Die Mini-Sünden (z.B. Bewirtungskosten, Benzin tanken im Ausland u.a.m.) können in dieser Studie nicht berücksichtigt werden, denn die Zahl der Sünder ist Legion, Mini-Betrug dieser Art ist ein sogenannter Volkssport geworden.

II. Zum Amokdrama in Winnenden (11. März 2009)

Zur psychischen Verfassung des 17jährigen Tim K. haben sich mehrere Kontaktpersonen geäußert: Nichts habe auf die drohende Katastrophe mit 16 Toten hingewiesen. Tim habe stets einen unauffälligen Eindruck gemacht. 2008 war er jedoch in stationärer und ambulanter psychiatrischer Behandlung (Diagnose: Depressi-

---

[206] S. Kapitel I.

onen). Die Frage, ob es sich um eine endogene oder reaktive Depression gehandelt hat, kann nur anhand der damals erhobenen Befunde beantwortet werden. Generell sind Depressive nicht aggressiv gegen andere Personen, sondern allenfalls autoaggressiv (Suizid). Wer die Therapie veranlasst hat und warum das geschehen ist, bleibt vorerst ungeklärt.

Die kriminologische Forschung darf bei Ereignissen wie in Erfurt, St. Augustin (11. Mai 2009) und Winnenden nicht nur mit Fassungslosigkeit reagieren. Die Forschung muss sich um Erklärungen bemühen, um für präventive Strategien Anregungen zu liefern. Die Erklärung abnormen Verhaltens ist nur mit Theorien möglich, denn fremdes Seelenleben kann nicht wie materielle Phänomene unmittelbar beobachtet werden. Dies gilt für die Psyche zur Tatzeit, aber auch für die Stadien vor Eintritt des Ereignisses.

Für Ereignisse wie Winnenden habe ich auf der Grundlage forensischer Erfahrungen mit Gewalttätern eine Theorie entwickelt, die auf vier Hypothesen, also nicht wissenschaftlich gesicherten empirischen Erkenntnissen beruht. Die Theorie weist darauf hin, wie es in einem konkreten Fall gewesen sein könnte, aber nicht, wie es real gewesen ist.

Zu den Hypothesen der Amok-Theorie:

1. Defizite in der infantilen Prägungsphase (0-2/3 Jahre).
2. Dominanz negativer Stimuli im Engrammspeicher.
3. Empathie-Defizite.
4. Aggressionsverstärkende Erlebnisse unmittelbar vor der Tat.

Zu 1.:
Viele Autoren sind der Lehre des Biologen Konrad Lorenz folgend der Auffassung, dass die für die spätere Lebensführung entscheidende psychosoziale Prägung in den frühen Kindheitsjahren (0-2/3 Jahre) erfolgt. Defizite an Liebe, Zuwendung, Anerkennung, Belohnung u.v.m. sind später nicht mehr oder nur unzulänglich ausgleichbar. Psychische Traumata verstärken Defizite.

Zu 2.:
Richard Semon hat 1904 seine Theorie vom Engrammspeicher veröffentlicht, in dem alle Reize aufgenommen sind, die auf das Individuum einwirken. Überwiegt die Speicherung negativer Engramme (körperliche oder psychische Verletzungen u.a.m.), ist der Engrammspeicher sozusagen prall gefüllt mit negativem Material, dann ist die Wahrscheinlichkeit des Eindringens aggressiver Impulse in das Bewusstsein größer als bei Menschen mit fehlender oder geringer Präsenz negativer Stimuli. Eine vollständige Analyse des Inhaltes des Engrammspeichers ist unmöglich. Es sind Millionen von Engrammen im Neuronensystem gespeichert.

Zu 3.:
Unter Empathie versteht die Verhaltensforschung die Fähigkeit, die Gefühle anderer Menschen zu spüren, sich in die Befindlichkeit der Mitmenschen einzufühlen, ihre Freude, aber auch ihre Schmerzen und Leiden leibnah zu empfinden. Die Empathiefunktion entwickelt sich in einem frühen Stadium. Sie beruht vor allem auf der Mutter-Kind-Dyade. Sie verhindert später physische Aggressionen gegen Mitmenschen.

Zu 4.:
Tatauslösende Erlebnisse sind objektiv meist nicht gravierend. Im Fall Tim K. könnte der Konsum von Killerserien am Vorabend des 11. März, aber auch die Nachricht vom Amoklauf in Alabama/

USA den Entschluss zu handeln ausgelöst haben. Auslösende Faktoren (‚Funken') führen aber nur dann zu Explosionen, wenn das Pulverfass prall gefüllt ist. Meine Theorie von der objektiv gesehen Geringfügigkeit auslösender Ereignisse soll an einer forensischen Erinnerung aus dem Jahr 1957 erläutert werden. Damals verabschiedete sich auf dem Kölner Hauptbahnhof ein junger Mann von seiner nach London fahrenden Freundin. Auf seine sentimentalen Sprüche reagierte sie etwas schnippisch mit den Worten: „ Ich kann Dir ja mal aus London eine Karte schicken!" In diesem Augenblick entstand in dem Liebhaber der Entschluss, die herzlose Frau nach ihrer Rückkehr aus England zu töten. Ohne die Annahme der Konjekturata 1 und 3 hätte das banale Erlebnis auf dem Bahnhof in Köln nicht so fatale Folgen haben können.

Die Prüfung, ob im Fall Tim K. die Grundlagen für die Theoriebildung 1 bis 4 vorhanden sind, könnten – wenn die Prüfung positiv ausfällt – den Weg zur Erklärung des ‚Unfassbaren' öffnen und zumindest ein Quasi-Verständnis ermöglichen.

III. Berlin 1944 – Volksgerichtshof

Verfahren gegen die Beteiligten des Attentats vom 20. Juli 1944 wurden schon im August 1944 eröffnet. Bei der Vernehmung des Legationsrates v. Haeften fragte Roland Freisler, der Präsident des Volksgerichtshofes, den Angeklagten, ob er – als Beamter – nicht eine besondere Treuepflicht gegenüber dem Staatsoberhaupt empfunden habe. „Nein, ich habe in dem Führer Hitler stets die Inkarnation von allem Bösen gesehen!"[207]

IV. Anmerkung zum ‚Jüngsten Gericht' (s. S. 66 u. S. 106

Karl Rahner (1904-1984)[208], einer der großen Theologen des 20. Jahrhunderts, hat in seiner Abschiedsvorlesung die Begriffe *‚incom-*

[207] Bräutigam, O.: So hat es sich zugetragen. Würzburg. 1968, S. 691. B. musste als Beamter des Auswärtigen Amtes an den Sitzungstagen teilnehmen.

[208] Rahner, K.: Über die Unbegreiflichkeit Gottes. Freiburg. 2006.[4]

prehendibilitas Dei' und *ineffabilitas Dei'*[209] in die theologische Terminologie eingeführt. Gott, das *Ens transcendens absolutum ist* für uns unbegreiflich.

Empirisch entstandene Begriffe, wie richten, belohnen, bestrafen, dürfen – so Rahner – nicht in die Sphäre des Transzendenten transplantiert werden. Transcendentes ist nicht nur unbegreiflich und unbeschreibbar, sondern auch unerkennbar. Die neuen Begriffe könnten daher mit dem Terminus *Acognitio* ergänzt werden. Die Unerkennbarkeit bezieht sich auf die Intentionen Gottes, die zwar unbegreiflich, aber als Tatsachen unbestreitbar sind. Gott hat als *Creator caeli et terrae* gehandel, während des Holocaust aber nicht gehandelt, so unbegreiflich beides auch ist (*Theodizee*-Problem). Gott hat die Menschheit durch den Propheten Jesaias wissen lassen, dass seine Beweggründe für uns ‚unerkennbar' sind: „Meine Gedanken sind nicht eure Gedanken und eure Wege sind nicht meine Wege!" (Jesaias 55, 8).

---

[209] Die Unbegreiflichkeit und verbale Unfassbarkeit Gottes.

Anhang: Eine Umfrage zum Thema „Die Provenienz des Bösen"

Eine Umfrage zum Thema „Die Provenienz des Bösen" wurde von uns im Jahr 2008 in Köln durchgeführt.

Beschreibung der Stichprobe
Es wurde eine nicht repräsentative Stichprobe von 176 Personen im Alter von18 bis 93 Jahren befragt, darunter 84 Männer und 87 Frauen.

Woher kommt das Böse?
Die offen gestellte Frage lautete: "Woher kommt das Böse?".

Die gegebenen Antworten konnten zu folgenden Antwortkategorien mit angegebenen Häufigkeiten zusammengefasst werden:

1. Metaphysische Provenienz: 11 Personen
2. Aus der Natur des Menschen: 123 Personen
3. Gesellschaft als Ursache: 14 Personen
4. persönliche Begegnung mit dem Bösen: 1 Person
5. Aus einer religiösen Weltanschauung: 1 Person
6. Das hängt von der Definition des Bösen ab: 8 Personen
7. Das Böse existiert nicht: 2 Personen
8. Sonstige Antworten: 3 Personen

Mit 76,9 Prozent der gültigen Antworten legte sich die klare Mehrheit der Befragungspersonen darauf fest, dass das Böse aus der Natur des Menschen komme. 8,8 Prozent der gültigen Antworten deuteten auf einen Ursprung des Bösen aus der Gesellschaft hin und nur 6,9 Prozent auf einen metaphysischen Ursprung.

Entgegen unserer Hypothese, dass die Befragungspersonen verschiedener Alterskategorien aufgrund einer unterschiedlichen Sozialisation bestimmte Antwortkategorien favorisieren würden, ergab sich kein statistisch signifikanter Unterschied zwischen dem Alter und den gegebenen Antworten auf die Frage nach der Provenienz des Bösen (Cramers-V= 0,557, p=0,971).

Frauen und Männer unterschieden sich nicht statistisch signifikant in ihren Antworten (Chi-Quadrat = 7,646, p= 0,907).

Die Antwortkategorien auf die Frage nach der Provenienz des Bösen

		Häufigkeit	Prozent	Gültige Prozente	Kumulierte Prozente
Gültig	1 metaphysische Provenienz	11	6,3	6,9	6,9
	2 Natur des Menschen	123	69,9	76,9	83,8
	3 Gesellschaft	14	8,0	8,8	92,5
	4 persönliche Begegnung mit dem Bösen	1	,6	,6	93,1
	5 Aus einer religiösen Weltanschauung	1	,6	,6	93,8
	6 hängt von Definition des Bösen ab	8	4,5	5,0	98,8
	7 das Böse gibt es nicht	2	1,1	1,3	100,0
	Gesamt	160	90,9	100,0	
Fehlend	77 Antwort unklar	10	5,7		
	88 weiß nicht	5	2,8		
	99 keine Angabe	1	,6		
	Gesamt	16	9,1		
Gesamt		176	100,0		

Die Antworten auf die Frage nach der Provenienz des Bösen

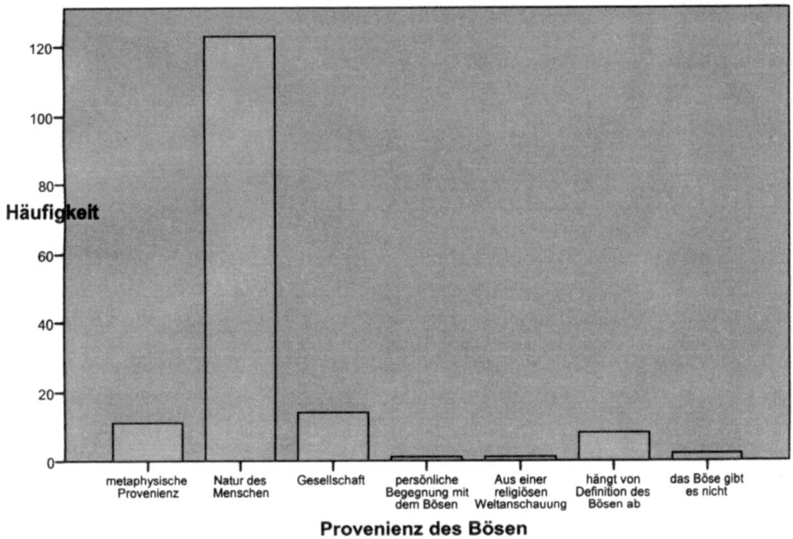

Namenregister

Danksagung

Nach dem durch Krankheit und Alter bedingtem Ausscheiden meiner langjährigen Sekretärinnen Dr. Dora Ritter und Erica Schoepfner hat Frau Miriam Werneburg, Lektorin in Münster, im Juni 2009 die Vorbereitungen zur Publikation des „Bösen“ übernommen. Ihre exzellente Sachkunde verbunden mit schier unerschöpflicher Arbeitskraft ermöglichten die Veröffentlichung der Studie im September 2009 in dem von Dr. h. c. Kriese gegründeten Mauer Verlag.

Wolfang de Boor